CUADERNOS DE GRAMÁTICA ESPAÑOLA

CUADERNOS DE GRAMÁTICA ESPAÑOLA *A1*

Autoras: Emilia Conejo y Bibiana Tonnelier
Coordinación pedagógica: Agustín Garmendia
Coordinación editorial: Jaime Corpas
Redacción: Laia Sant

Diseño de cubierta: Oscar García
Maquetación: besada+cukar
Ilustraciones: Roger Zanni
Fotografías: pág. 45 Frank Kalero (Hotel Colón); pág. 46 Annina/sxc (casa); pág. 62 Mehmet Alci/dreamstime (Diego), Frank Kalero (Dimitra, Araceli y Joao); pág. 77 Alpha/flickr (sushi); pág. 84 ginaellen/FOTOLIA (Hernán), Frank Kalero (José y Silke).

ISBN: 978-84-8443-474-0
Depósito legal: B-23.798-2008
Impreso en España por Tesys

c/ Trafalgar, 10, entlo. 1ª
08010 Barcelona
tel. 93 268 03 00
fax 93 310 33 40
editorial@difusion.com
www.difusion.com

CUADERNOS DE GRAMÁTICA ESPAÑOLA

Emilia Conejo
Bibiana Tonnelier

Coordinación pedagógica
Agustín Garmendia

CUADERNOS DE GRAMÁTICA ESPAÑOLA

Hoy en día existe un amplio consenso sobre la importancia de la gramática en el proceso de aprendizaje de una lengua extranjera: casi todos los profesores y estudiantes comparten el principio según el cual la adquisición de una lengua requiere que los aprendientes presten atención a las formas.

Los enfoques orientados a la acción, en los que se inscriben los manuales publicados por nuestra editorial, han adoptado de manera decidida dicho principio y otorgan un papel destacado al estudio de la gramática, siempre desde una perspectiva comunicativa y que tiene en cuenta el significado.

El presente ***Cuaderno de gramática*** tiene como objetivo ayudar al desarrollo de las competencias lingüísticas del estudiante de nivel A1 –en especial las competencias léxica, gramatical y ortográfica–, a la vez que apoyar el avance en su competencia plurilingüe. Sus características son las siguientes:

IMPORTANCIA DEL SIGNIFICADO

Esta obra propone una comprensión y una práctica de la gramática basadas en el significado; es decir, que se procura que los estudiantes entiendan las implicaciones de utilizar una u otra forma. Además, los ejercicios destinados a la práctica de esas formas tienen en cuenta los contextos de uso y los diferentes tipos de texto en que se utilizan.

ADECUACIÓN AL MARCO COMÚN EUROPEO DE REFERENCIA Y A LOS NIVELES DE REFERENCIA DEL PLAN CURRICULAR DEL INSTITUTO CERVANTES

Su sílabo se ha diseñado teniendo en cuenta los descriptores del Marco para el nivel A1 y, muy especialmente, los exponentes del inventario de gramática de los Niveles de referencia del Plan Curricular del Instituto Cervantes.

USO AUTÓNOMO O GUIADO

De manera autónoma, el aprendiente puede buscar en el índice el tema gramatical que desea estudiar, acceder a las explicaciones ofrecidas y practicar su uso mediante los ejercicios. Como herramienta de aprendizaje guiado, el profesor puede utilizar las explicaciones del ***Cuaderno*** para aclarar los puntos gramaticales en los que quiera hacer hincapié y recomendar la realización de los ejercicios que considere oportunos.

USO INDEPENDIENTE O VINCULADO A UN MANUAL

Este ***Cuaderno*** se puede utilizar para complementar los cursos de nivel A1 basados en los manuales ***AULA*** o ***AULA INTERNACIONAL***, pero también puede utilizarse en cursos basados en otros manuales, ya que está organizado según los temas gramaticales propios de los cursos de este nivel.

ATENCIÓN A LA ORALIDAD

Tradicionalmente, las obras de estas características no han incluido documentos auditivos. Aquí se ha considerado fundamental que los aprendientes estén expuestos a muestras de lengua oral y que comprendan las implicaciones que tienen algunos fenómenos gramaticales en dicha lengua. Así, cada unidad incluye uno o varios ejercicios de **comprensión auditiva** basados en los documentos auditivos del CD.

ATENCIÓN AL DESARROLLO DE ESTRATEGIAS

Bajo el epígrafe **ESTRATEGIA**, alumnos y profesores encontrarán, en cada unidad, una o más notas en las que se hace una reflexión estratégica sobre el ejercicio realizado y se explica un recurso útil para aprender más y de manera más eficaz.

DESARROLLO DE LA COMPETENCIA PLURILINGÜE

En los ejercicios llamados **MUNDO PLURILINGÜE** se ofrece al alumno la posibilidad de comparar la lengua que está estudiando con otra u otras que conozca, de manera que pueda observar y sistematizar las posibles semejanzas y diferencias.

ESTRUCTURA CLARA Y OPERATIVA

Cada unidad contiene uno o varios cuadros con la exposición del tema gramatical abordado, seguidos de una serie de ejercicios relacionados con dicha explicación.

Además, este volumen ofrece un ***GLOSARIO*** de términos gramaticales, un ***ÍNDICE DE CORRESPONDENCIAS*** para la planificación de su uso, las ***TRANSCRIPCIONES*** de los ejercicios de comprensión auditiva y las ***SOLUCIONES***.

ÍNDICE

1. SONIDOS, LETRAS Y ORTOGRAFÍA

EL ALFABETO

El alfabeto español tiene 29 letras:

a	a	**j**	jota	**r**	erre
b	be	**k**	ka	**s**	ese
c	ce	**l**	ele	**t**	te
ch	che	**ll**	elle	**u**	u
d	de	**m**	eme	**v**	uve
e	e	**n**	ene	**w**	uve doble
f	efe	**ñ**	eñe	**x**	equis
g	ge	**o**	o	**y**	y griega
h	hache	**p**	pe	**z**	zeta
i	i	**q**	cu		

! Las letras tienen género femenino: ***la a***, ***la b***, ***la c***...

En algunos países de Hispanoamérica las letras **b** y **v** se llaman **be larga** y **ve corta**, respectivamente.

Para indicar que un vocal lleva acento decimos **á con acento**, **é con acento**, etc.

SONIDOS DEL ESPAÑOL

! Antes de leer esta sección, realiza el ejercicio **2**.

En general, a cada letra del alfabeto español le corresponde un sonido, pero hay algunos casos especiales.

LA LETRA O DÍGRAFO	SE PRONUNCIA...	LA LETRA O DÍGRAFO	SE PRONUNCIA...
a	[a] como en **A**na	**ll**	[j] o [ʎ] como en **Ll**orente
b	[b] como en **B**eatriz	**m**	[m] como en **M**aría
c	[k] como en **C**armen y [θ] o [s] como en **C**ésar	**n**	[n] como en **N**atalia
		ñ	[ɲ] como en Í**ñ**igo
ch	[tʃ] como en **Ch**aro	**o**	[o] como en **O**lga
d	[d] como en **D**aniel	**p**	[p] como en **P**aula
e	[e] como en **E**lena	**qu** (+ **e**, **i**)	[k] como en **Qu**i**qu**e
f	[f] como en **F**rancisco	**r**	[r] como en Ca**r**olina y [rr] como en **R**osa
g	[g] como en **G**onzalo y [x] como en **G**erardo	**s**	[s] como en **S**ara
gu (+ **e**, **i**)	[g] como en **Gu**illermo	**t**	[t] como en **T**omás
h	no se pronuncia, como en **H**éctor	**u**	[u] como en **U**lises
		v	[b] como en **V**icente
i	[i] como en **I**ván	**w**	[u] como en **W**alter
j	[x] como en **J**avier	**x**	[ks] como en Ale**x**ia
k	[k] como en **K**i**k**o	**y**	[j] como en **Y**olanda
l	[l] como en **L**aura	**z**	[θ] o [s] como en **Z**oila

1. SONIDOS, LETRAS Y ORTOGRAFÍA

- La **c** tiene dos sonidos:
  - suena [k] delante de **a**, **o** y **u**, o sola al final de una sílaba: ***ca**sa, **co**sa, **cu**ándo, re**c**to.*
  - suena [θ] o [s] delante de **e** y de **i**: ***ce**ro, **ci**ne.*

  ! En Hispanoamérica, en el sur de España y en las Islas Canarias, la serie **za**, **ce**, **ci**, **zo**, **zu** se pronuncia [s].

  Las palabras con sonidos [ke] y [ki] se escriben en español **que** y **qui**: ***qué**, **qui**én.*

  Las palabras con sonidos [θa], [θo] y [θu] se escriben en español **za**, **zo** y **zu**: *ta**za**, **zo**o, **zu**mo.*

  La letra **k** solo aparece, generalmente, en palabras de origen extranjero: ***k**ilo, Ira**k**.*

  Es decir:

sonido [k]	ca	que	qui	co	cu
sonido [θ] o [s]	za	ce	ci	zo	zu

- La **g** tiene dos sonidos:
  - suena [x] delante de **e** y de **i**: ***ge**nte, pá**gi**na.*
  - suena [g] delante de **a**, **o** e **u**: ***ga**to, **go**lf, **gu**star.*

  Las palabras con sonidos [xa], [xo] y [xu] se escriben en español **ja**, **jo** y **ju**: *ro**ja**, **Jo**sé, **ju**eves.*

  Los sonidos [xe] y [xi] puede escribirse también con **j**: *via**je**, **ji**rafa.*

  Las palabras con sonidos [ge] y [gi] siempre se escriben en español **gue** y **gui**: ***gue**rra, **gui**tarra.*

  Es decir:

sonido [g]	ga	gue	gui	go	gu
sonido [x]	ja	ge/je	gi/ji	jo	ju

- La **r** tiene sonido fuerte cuando va al comienzo de una palabra o cuando es doble: ***r**ueda, a**rr**oz.*

  ! Solo si la **r** fuerte se encuentra entre dos vocales, se escribe **rr**.

  Una **r** sola entre vocales tiene sonido débil: *ca**r**a.*

- La **h** no se pronuncia nunca.

- La **b** y la **v** se pronuncian igual.

1. ¿ME LO PUEDES DELETREAR?

CD 1

A. Vas a escuchar a unas personas deletreando algunos de estos nombres y apellidos. Marca los que escuchas en la grabación.

1.	2.	3.	4.	5.
a. Pena ☐	a. Fernández ☐	a. Viviana ☐	a. Edgardo ☐	a. Pérez ☐
b. Peña ☐	b. Hernández ☐	b. Bibiana ☐	b. Eduardo ☐	b. Píriz ☐

B. Ahora escribe tu nombre y apellidos y el nombre de tu ciudad. Luego deletréalos por escrito.

Ezequiel: e, zeta, e, cu, u, i, e, ele

Mi nombre: ....

Mi apellido: ....

Mi ciudad: ....

2. ¿CÓMO SUENA EL ESPAÑOL?

CD 2

Escucha esta conversación entre dos españoles. Fíjate en los sonidos, no en el significado, y responde a las preguntas.

a. ¿Cómo suena el español (fuerte, suave...)? ¿Qué te llama la atención? ....

....

b. ¿Hay algún sonido que no existe en tu lengua? ....

....

3. ERRES, GES, JOTAS...

CD 3

A. ¿Cuál de las dos palabras oyes?

1. ☐ a. hago ☐ b. ajo
2. ☐ a. vaga ☐ b. baja
3. ☐ a. caro ☐ b. carro
4. ☐ a. pero ☐ b. perro
5. ☐ a. coro ☐ b. corro
6. ☐ a. casa ☐ b. caza
7. ☐ a. pisto ☐ b. pesto

ESTRATEGIA
Si un sonido del español no existe en tu lengua, primero es importante aprender a reconocerlo en las palabras que lo contienen.

B. Ahora, busca en el libro cinco palabras o expresiones en las que aparecen los sonidos:

[x] como en baja: jota ______ ______ ______ ______

[r] como en perro: rubia ______ ______ ______ ______

4. TRES TRISTES TIGRES

CD 4

A. Escucha y marca las siguientes palabras con una (r) si tienen una r débil o una (R) si tienen una r fuerte.

1. caro ☐
2. carro ☐
3. estar ☐
4. mira ☐
5. perro ☐
6. Ramón ☐
7. rojo ☐
8. ser ☐
9. suerte ☐

B. Clasifica ahora las palabras anteriores en esta tabla. ¿Coincide con tus resultados del apartado anterior?

PRONUNCIACIÓN FUERTE: - al principio de palabra - dos **r** (rr) entre dos vocales	PRONUNCIACIÓN DÉBIL: - al final de una sílaba o palabra - una **r** (r) entre dos vocales

C. Ahora intenta pronunciar los sonidos de la letra **r** en los siguientes nombres. La pronunciación de la **r** española, ¿es igual en tu lengua?

Toronto Reikiavik ROMA Rabat París
Rusia Quatar Carolina Turín

ESTRATEGIA
Pronunciar sonidos del español que se escriben con la misma letra en tu lengua, pero que suenan un poco o muy diferente, te ayuda a ser consciente de las diferencias en la posición de la lengua, los dientes y los labios.

5. ¿CÓMO SE ESCRIBEN?

CD 5

Escucha estas palabras y escríbelas. Seguramente son desconocidas para ti, pero su ortografía cumple las reglas del español.

1. .... 5. ....

2. .... 6. ....

3. .... 7. ....

4. .... 8. ....

ESTRATEGIA
El español tiene, en comparación con otras lenguas, una ortografía bastante fácil. En muchas ocasiones, cuando oyes una palabra nueva, puedes saber cómo se escribe incluso si no la has visto nunca.

6. ¿TE APETECE TOMAR ALGO?

CD 6

A. Lee y escucha este diálogo y fíjate en la pronunciación de las letras marcadas. Luego escoge la opción adecuada (a o b) para completar la regla.

- *¿**Te a**petece tom**ar al**go?*
- *Vale, sí, una cerveza.*
- *Sí, yo otra. Y... ¿pedi**mos al**go de comer?*
- *Muy bien; mira, **el a**rroz parece bueno, ¿no?*

Cuando una palabra termina en consonante y la siguiente palabra comienza por vocal:

☐ a. se produce una pausa entre la consonante y la vocal (to-mar-(∅)-al-go).

☐ b. No se produce una pausa entre la consonante y la vocal. La consonante se pronuncia como el primer sonido de la siguiente sílaba (to-ma-ral-go).

B. Ahora busca ejemplos en el libro y practica su pronunciación.

LA ENTONACIÓN

La entonación puede indicar si formulamos una pregunta, una exclamación o una afirmación. Escucha.

CD 7

1. • *Son las nueve y media.* →
2. • *¿Son las nueve y media?* ↗
3. • *¡Son las nueve y media!* ↗

7. ESCUCHA LA ENTONACIÓN

CD 8

Escucha las siguientes frases y marca si se trata de una afirmación, una pregunta o una exclamación.

	afirmación	pregunta	exclamación
1.	□	□	□
2.	□	□	□
3.	□	□	□
4.	□	□	□
5.	□	□	□

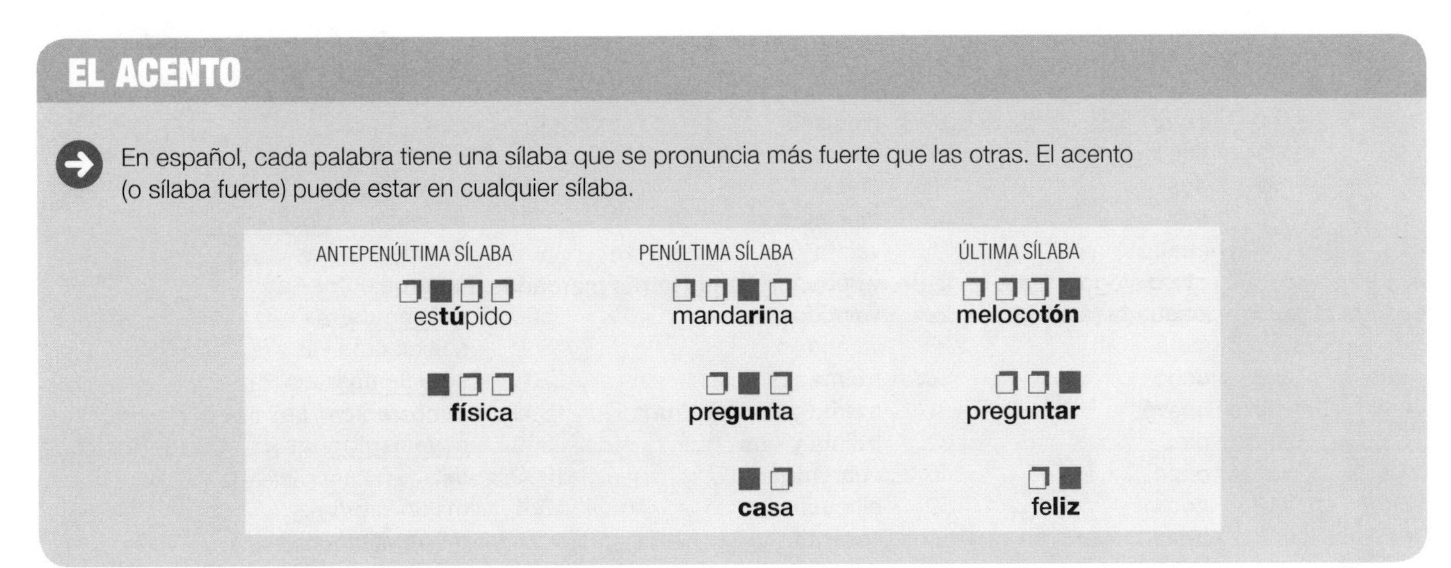

EL ACENTO

En español, cada palabra tiene una sílaba que se pronuncia más fuerte que las otras. El acento (o sílaba fuerte) puede estar en cualquier sílaba.

ANTEPENÚLTIMA SÍLABA	PENÚLTIMA SÍLABA	ÚLTIMA SÍLABA
□■□□ es**tú**pido	□□■□ manda**ri**na	□□□■ melo**co**tón
■□□ **fí**sica	□■□ pre**gun**ta	□□■ pregun**tar**
	■□ **ca**sa	□■ fe**liz**

8. ¿DÓNDE ESTÁ EL ACENTO?

CD 9

A. Escucha estas palabras y marca en cada caso la sílaba fuerte.

1. no-(ve)-la
2. com-pa-ñe-ro
3. mú-si-ca
4. so-fá
5. in-ter-net
6. in-glés
7. quí-mi-ca
8. car-te-ro
9. dor-mir

B. Escribe otras palabras que conoces con las sílabas fuertes marcadas a continuación.

□■□□ ______	□□■□ ______	□□□■ ______
■□□ ______	□■□ ______	□□■ ______
	■□ ______	□■ ______

2. LOS NUMERALES

LOS NUMERALES CARDINALES

Los numerales pueden ser de dos tipos: numerales cardinales y numerales ordinales.

Los numerales cardinales expresan cantidades.

- *¿Cuánto dinero tienes?*
- ***Cinco** euros.*

- *Tengo más de **diez mil** sellos en mi colección.*

Pueden ir delante del sustantivo, o solos si está claro a qué sustantivo se refieren.

- *¿Cuántos hermanos tienes?*
- ***Tres**.*

- *¿Quieres tener más hijos?*
- *No, **cuatro** es suficiente.*

Los cardinales son:

0	**cero**	16	**dieciséis**	100	**cien**
1	**uno/un/una**	17	**diecisiete**	101	**ciento uno/un/una**
2	**dos**	18	**dieciocho**	134	**ciento treinta y cuatro**
3	**tres**	19	**diecinueve**	200	**doscientos/doscientas**
4	**cuatro**	20	**veinte**	300	**trescientos/-as**
5	**cinco**	21	**veintiuno/-ún/-una**	400	**cuatrocientos/-as**
6	**seis**	22	**veintidós**	500	**quinientos/-as**
7	**siete**	23	**veintitrés**	600	**seiscientos/-as**
8	**ocho**	30	**treinta**	700	**setecientos/-as**
9	**nueve**	31	**treinta y uno/-ún/-una**	800	**ochocientos/-as**
10	**diez**	32	**treinta y dos**	900	**novecientos/-as**
11	**once**	40	**cuarenta**	1000	**mil**
12	**doce**	50	**cincuenta**	1001	**mil un/uno/una**
13	**trece**	60	**sesenta**	1025	**mil veinticinco**
14	**catorce**	70	**setenta**	1134	**mil ciento treinta y cuatro**
15	**quince**	80	**ochenta**	2000	**dos mil**
		90	**noventa**	3000	**tres mil**
				10 000	**diez mil**

20 300	**veinte mil trescientos**
100 000	**cien mil**
1 000 000	**un millón**
2 000 000	**dos millones**
3 536 787	**tres millones quinientos treinta y seis mil setecientos ochenta y siete**

Para formar los cardinales ten en cuenta lo siguiente:

▶ Hasta el 29, los números se escriben en una sola palabra y se forman uniendo las decenas y las unidades mediante la conjunción **y**, transformada en **i**. Puede haber también algunos cambios ortográficos, como **z → c** delante de una **i**, o el uso de tildes.

veinte y (+) cinco = veinticinco *diez y (+) seis = die**ciséis*** *veinte y (+) dos = veintid**ó**s*

- A partir del **31** se escriben separados y van unidos por la conjunción **y** entre las decenas y las unidades. Las centenas y las decenas, y las centenas y las unidades no están unidas por **y**.

treinta ***y*** *uno* [decena + **y** + unidad]	*ciento* **Ø** *treinta* [centena **Ø** decena]
trescientos cincuenta ***y*** *ocho* [centena **Ø** decena + **y** + unidad]	*doscientos* **Ø** *siete* [centena **Ø** unidad]

- **Uno**/**una** concuerda en género con el sustantivo.
  Uno se convierte en **un** delante de un sustantivo masculino y dentro de un número compuesto.

  - *Solo llevo* ***un*** *lápiz y* ***una*** *libreta.*
  - *Mira, este piso cuesta* ***doscientos un mil*** *euros.*
  - *Mi hermano tiene* ***veintiún*** *años.*
  - *Mi hermana,* ***cuarenta y uno****.*
  - *Mi escuela tiene* ***treinta y una*** *aulas.*

- El número **100** se dice **cien**, pero a partir de 101 se convierte en **ciento**: ***ciento*** *uno*, ***ciento*** *dieciséis.*

- Las centenas superiores a 100 (200, 300…) se escriben en una sola palabra y tienen una forma masculina y una femenina: ***doscientos*** *euros*, ***doscientas*** *cinco personas.*

- **Millón** es siempre masculino: ***trescientos millones***.

  ! Si hablamos de millones completos, usamos la preposición **de** antes del sustantivo: ***un millón de*** *personas*; ***un millón trescientas mil Ø*** *personas.*

1. ¿DOS O DOCE?

CD 0-13

Escucha estos diálogos y marca el número que escuchas en cada uno.

diálogo 1:	◯ 45	◯ 54	diálogo 3:	◯ 12	◯ 2
diálogo 2:	◯ 34	◯ 913	diálogo 4:	◯ 530	◯ 503

2. SERVICIO DE INFORMACIÓN

CD 4-17

Vas a escuchar a seis personas que piden un número de teléfono al servicio de información. Anota el número de teléfono al lado del nombre.

1. Blanca Aguado ……………………………………………
2. Esteban Rico ……………………………………………
3. Martín Serrano ……………………………………………
4. Leonor Matamala ……………………………………………

¿Blanca Aguado? Tome nota: noventa y seis…

3. CADA NÚMERO EN SU LUGAR

¿Sabes jugar al sudoku? Tienes que rellenar una cuadrícula de 9 x 9 celdas, dividida en regiones de 3 x 3 utilizando los números del 1 al 9. No puedes repetir ningún número en una fila, columna o región.

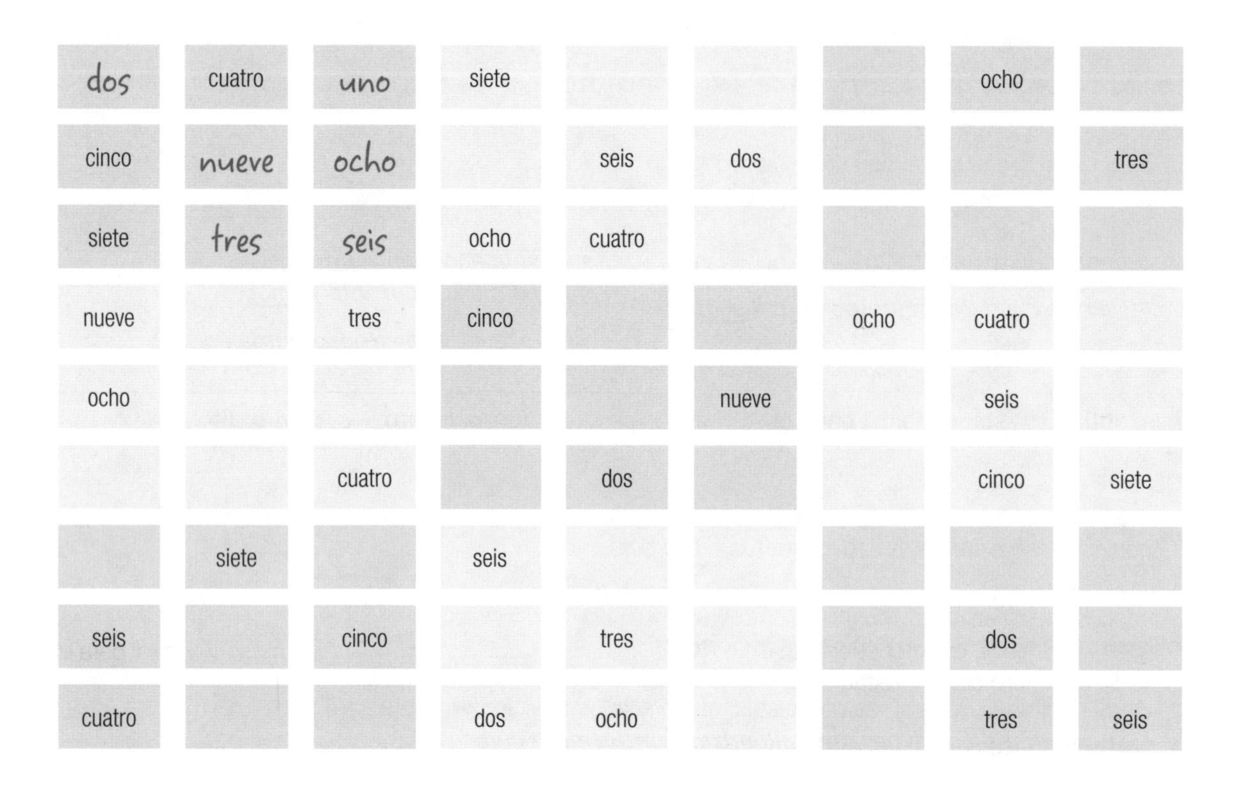

dos	cuatro	uno	siete				ocho	
cinco	nueve	ocho		seis	dos			tres
siete	tres	seis	ocho	cuatro				
nueve		tres	cinco			ocho	cuatro	
ocho					nueve		seis	
		cuatro		dos			cinco	siete
	siete		seis					
seis		cinco		tres			dos	
cuatro			dos	ocho			tres	seis

4. CONTINÚA LA SERIE

¿Puedes continuar las series de números?

a. tres, nueve, veintisiete, ..., ...

b. doscientos doce, trescientos veintitrés, cuatrocientos treinta y cuatro, ...,

....

c. cien, mil, diez mil, ..., ...

5. ¿MAYOR O MENOR?

Escribe estos números en cifras y ordénalos de mayor a menor en la tabla de la derecha.

a. ocho mil novecientos cincuenta y seis

b. cuarenta y cinco mil seiscientos treinta

c. nueve mil quinientos ochenta y cuatro

d. trescientos ochenta y cuatro

e. mil doscientos uno

MAYOR

☐ ....

☐ ....

☐ ....

☐ ....

☐ ....

MENOR

LOS ORDINALES DEL 1.º AL 10.º

Los ordinales sirven para indicar el orden de algo en una serie o secuencia. También identifican un elemento mediante el número de orden en el que aparece en una serie.

Los ordinales del 1.º al 10.º son:

primero	**sexto**
segundo	**séptimo**
tercero	**octavo**
cuarto	**noveno**
quinto	**décimo**

El femenino singular se forma con la terminación **-a**. Los plurales se forman con la terminación **-os** (masculino) y **-as** (femenino).

Por lo general, van entre el determinante (artículo, posesivo...) y el sustantivo y funcionan como adjetivos, es decir, que concuerdan en género y en número con el sustantivo.

- *Mis **primeras** clases empiezan en enero.*

Para formar los numerales ordinales ten en cuenta lo siguiente:

▶ Si está claro a qué sustantivo se refieren, pueden ir sin ese sustantivo.

- *¿Es la primera vez que viajas a Marruecos?*
- *No, la **segunda**.*
- *Ángela vive en el **quinto primera**.*
  [= quinto piso, primera puerta]

▶ Antes de un sustantivo masculino, **primero** y **tercero** se convierten en **primer** y **tercer**, respectivamente.

- *Marcos es tu **tercer** hijo, ¿verdad?*
- *Sí, pero el **primer** niño, las dos primeras son niñas.*

▶ Si se representan en cifras, se escribe el número seguido del signo **º** para los masculinos y **ª** para los femeninos (**5.º** / **5.ª**).

6. LOS ÉXITOS DEL AÑO

CD 18

Al final de cada año, el programa Radio Pop hace una lista con los músicos más populares del año. Escucha y completa las frases con el ordinal correspondiente, en letras y en números. Fíjate en la concordancia.

☐ *Me muero*, de La Quinta Estación, está en la cuarta posición.

☐ *La lengua popular*, de Andrés Calamaro, está en la ________ posición.

☐ *Fin de un viaje infinito*, de Deluxe, tiene el ________ lugar.

☐ *Te lo agradezco pero no*, de Alejandro Sanz y Shakira, está en la ________ posición.

☐ *Me enamora*, de Juanes, tiene el ________ puesto.

☐ *Morena mía*, de Miguel Bosé y Julieta Venegas, está en el ________ lugar.

☐ *La leyenda del espacio*, de Los Planetas, es el ________ .

☐ Facto Delafé y las Flores Azules, con *Luz de la mañana*, está en la ________ posición.

☐ *Pepe Robles*, de Pepe Robles, tiene el ________ puesto.

☐ *Racalmuto*, de Racalmuto, está en la ________ posición.

3. LOS SUSTANTIVOS

NOMBRES COMUNES Y NOMBRES PROPIOS

➔ Con los nombres o sustantivos se nombran personas, animales, objetos, conceptos o entidades. Existen, fundamentalmente, dos clases: los nombres propios y los nombres comunes.

➔ Los nombres propios designan a una persona, una entidad o un lugar determinado y único. Se escriben con mayúscula: *María, Nicaragua, Tajo, Consejo de Europa.*

▶ Los nombres y apellidos de personas no suelen llevar artículo:

- *La chica nueva se llama María.*
- *Rodríguez es un futbolista estupendo.*

! Solo cuando se utiliza la fórmula "Señor (Sr.) / Señora (Sra.) + apellido" para hablar de una persona se añade el artículo:

- *Este es* ***el*** *Sr. Valverde.*
- ***La*** *Sra. Lago llega a la oficina a las tres.*

▶ Los nombres de países no suelen llevar artículo (a excepción de *El Salvador*), pero algunos países pueden llevar artículo: *(la) Argentina, (el) Perú, (el) Ecuador, (la) China, (el) Congo, (la) India, (el) Brasil,* etc.

➔ Los nombres comunes designan personas, animales o cosas de una misma clase, especie o familia. Se escriben con minúscula y pueden llevar un artículo u otro determinante: *la naranja, mi hermana, este arquitecto, una noche.*

1. ¿PROPIOS O COMUNES?

A. Piensa en veinte sustantivos que conoces y clasifícalos según el tipo al que pertenecen. Si lo necesitas, puedes buscar algunos en el libro.

NOMBRES PROPIOS		NOMBRES COMUNES
Personas	Lugares	
Pepe	....	abogado ....
....	....	....
....	....	....
....	....	....
....	....	....
....	....	....
....	....	....
....	....	....

CD 19

B. Ahora vas a escuchar varios sustantivos. Completa las letras que faltan. Después, añádelos a la tabla de la actividad anterior.

1. m_s_o
2. _a_a_u_y
3. p_l_c_l_
4. di_c_o_a_i_
5. _a_l_
6. _e_e_u_l_
7. _o_e_a
8. e_c_r_i_n
9. a_t_s_n_a

EL GÉNERO DE LOS SUSTANTIVOS

➔ En español un sustantivo puede tener dos géneros: masculino y femenino. Es muy importante saber si un sustantivo es masculino o femenino, porque todos los elementos que se refieren a él (artículos, adjetivos, demostrativos…) deben concordar con él, es decir, deben tener el mismo género.

➔ Los sustantivos que se refieren a cosas tienen solo un género.

▶ Por lo general, son masculinos:

- los sustantivos acabados en **-o**: *el pueblo, el museo*. Excepciones: *la mano, la moto* (➔ la motocicleta), *la foto* (➔ la fotografía)…;
- los sustantivos acabados en **-aje**, **-ón** y **-r**: *el paisaje, el corazón, el profesor.*
- los sustantivos de origen griego que terminan en **-ema** y **-oma**: *el problema, el cromosoma.*

▶ Por lo general, son femeninos:

- los sustantivos acabados en **-a**: *la carta, la película*. Excepciones: *el día, el mapa…*;
- los sustantivos acabados en **-ción**, **-sión**, **-dad**, **-tad** y **-ez**: *la información, la tensión, la verdad, la libertad, la madurez.*

! Para no encadenar dos aes seguidas, antes de las palabras femeninas que empiezan por **a-** o **ha-** tónica se usan, en singular, los artículos masculinos **el** o **un**: *el agua, un aula, el hambre.* Pero los adjetivos que las acompañan son femeninos: *el agua fría.*

▶ Pueden ser masculinos o femeninos:

- los sustantivos acabados en **-e**: *el hombre, la nube;*
- los sustantivos terminados en otras consonantes: *el currículum, la piel.*

➔ Los sustantivos que se refieren a personas y animales suelen tener una forma masculina y otra femenina.

▶ Muchos sustantivos que terminan en **-o** tienen su femenino correspondiente en **-a**: *novio/novia, chico/chica.*

▶ Si la forma del masculino termina en **-r**, se forma el femenino añadiendo una **-a**: *señor/señora, profesor/profesora.*

▶ En algunos casos existe una palabra diferente para cada género: *hombre/mujer, padre/madre.*

▶ Algunos sustantivos que terminan en **-e** tienen su femenino correspondiente en **-a**: *jefe/jefa; presidente/presidenta*. PERO: *el/la paciente, el/la estudiante…*

! Algunos sustantivos que terminan en **-e** y todos los que terminan en **-ista** tienen una sola forma para ambos géneros: *el/la estudiante, el/la cantante, el/la periodista, el/la artista.*

2. PARA APRENDER ESPAÑOL

A. Ordena las sílabas de estas palabras. Todas están relacionadas con tu aprendizaje del español:

1. cia-pro-ción-nun: ....
2. bir-es-cri: ....
3. ca-rio-vo-bu-la: ....
4. ti-gra-ca-má: ....
5. tra-cir-du: ....
6. lí-pe-cu-las: ....
7. ra-cul-tu: ....
8. ver-sar-con: ....

B. Ahora escribe al lado de cada sustantivo del apartado **A** una (F) si se trata de una palabra femenina o una (M) si es una palabra masculina.

C. ¿Cuáles de estas cosas te parecen más interesantes o divertidas cuando aprendes español? En clase, coméntalo con otros compañeros y explica por qué.

3. ¿DE QUÉ TRABAJAN?

CD 20-24

A. Escucha a estas personas hablando de las profesiones de sus amigos. ¿Qué hace cada una?

1. Adela es ....
2. Enrique es ....
3. Manu es ....
4. Silvia es ....
5. Gabriela es ....

B. Escribe ahora las profesiones del apartado **A**, con artículo, en la columna correspondiente de esta tabla.

-o	-a	-e	-ista	-aje	-ción / -sión
....	....	....	....	....	....
....	....	....	....	....	....
....	....	....	....	....	....

-tad / -dad	-r	-ema / -oma	-ón	-ez	-ente / -ante
....	....	....	....	....	....
....	....	....	....	....	....
....	....	....	....	....	....

C. ¿Qué otros sustantivos conoces con estas terminaciones? Escribe dos o tres para cada categoría.

D. Escribe en tu cuaderno una frase con un sustantivo de cada categoría.

ESTRATEGIA

Clasificar y sistematizar las palabras en cuadros y tablas te ayuda a aprenderlas mejor. Como no puedes aprender todo el vocabulario nuevo, decide cuál te parece más importante y quieres aprender. Recuerda que puedes ampliar la tabla durante el curso.

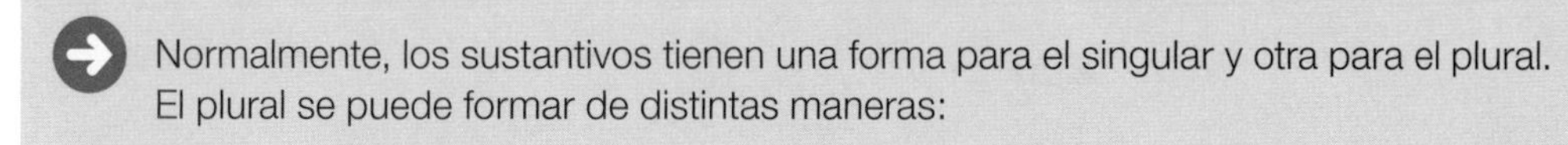

LA FORMACIÓN DEL PLURAL

➔ Normalmente, los sustantivos tienen una forma para el singular y otra para el plural. El plural se puede formar de distintas maneras:

- a los sustantivos que terminan en vocal se les añade una **-s**: *gimnasio/gimnasios, hombre/hombres, compañera/compañeras*;
- a los sustantivos que terminan en consonante se les añade **-es**: *afición/aficiones, ciudad/ciudades*;
- si la palabra termina en **-z**, esta letra, en el plural, se convierte en **c**: *lápiz/lápices*;
- a los sustantivos que terminan en **-s** y tienen la sílaba tónica en la última, se les añade **-es**: *el autobús, los autobuses*;
- el resto de los sustantivos que terminan en **-s** no cambian en el plural: *el martes, los martes*.

! Algunos sustantivos se utilizan a más menudo en plural que en singular: *los pantalones, los zapatos*.

➔ Todas las palabras que acompañan al sustantivo, concuerdan con él en género y número: ***la** montaña alt**a**, un**os** país**es** interesant**es***.

! Ante las palabras femeninas que empiezan por **a-** o **ha-** se coloca el artículo femenino plural. Ver pág. 19.

el** agua frí**a ➔ ***las** aguas frí**as***

un** aula limpi**a ➔ ***unas** aulas limpi**as***

4. AQUÍ HAY MÁS DE UNO

A. ¿Qué son estas cosas? Escríbelo, con artículo, bajo cada imagen.

1. ....

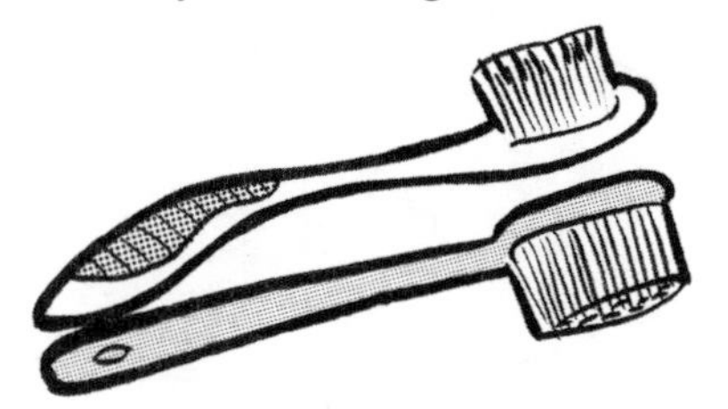

2. ....

3. ....

4. ....

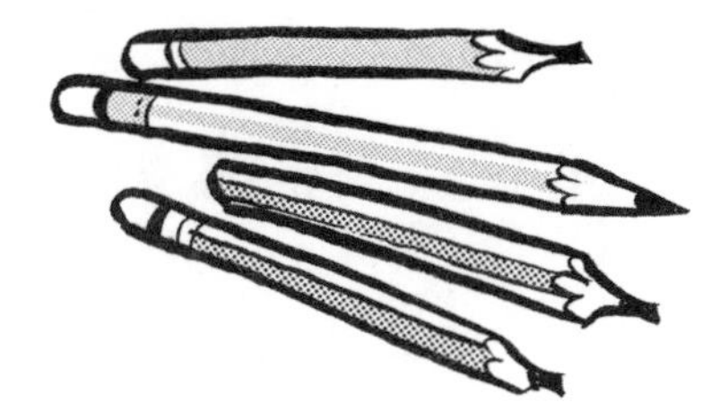

5. ....

6. ....

B. Ahora piensa en cuatro objetos en plural y busca imágenes para representarlos o dibújalos tú mismo. Tu compañero debe decir qué son.

5. ¿UNA PELÍCULA O UNAS FOTOGRAFÍAS?

CD 25-28

¿De qué están hablando estas personas?

diálogo 1:	◯ una película de cine	◯ unas fotografías	diálogo 3:	◯ unas botas	◯ un sombrero
diálogo 2:	◯ un restaurante	◯ unos bares	diálogo 4:	◯ unos edificios	◯ una montaña

6. MAPA DE PALABRAS

A. ¿Puedes completar los mapas de estos dos sustantivos?

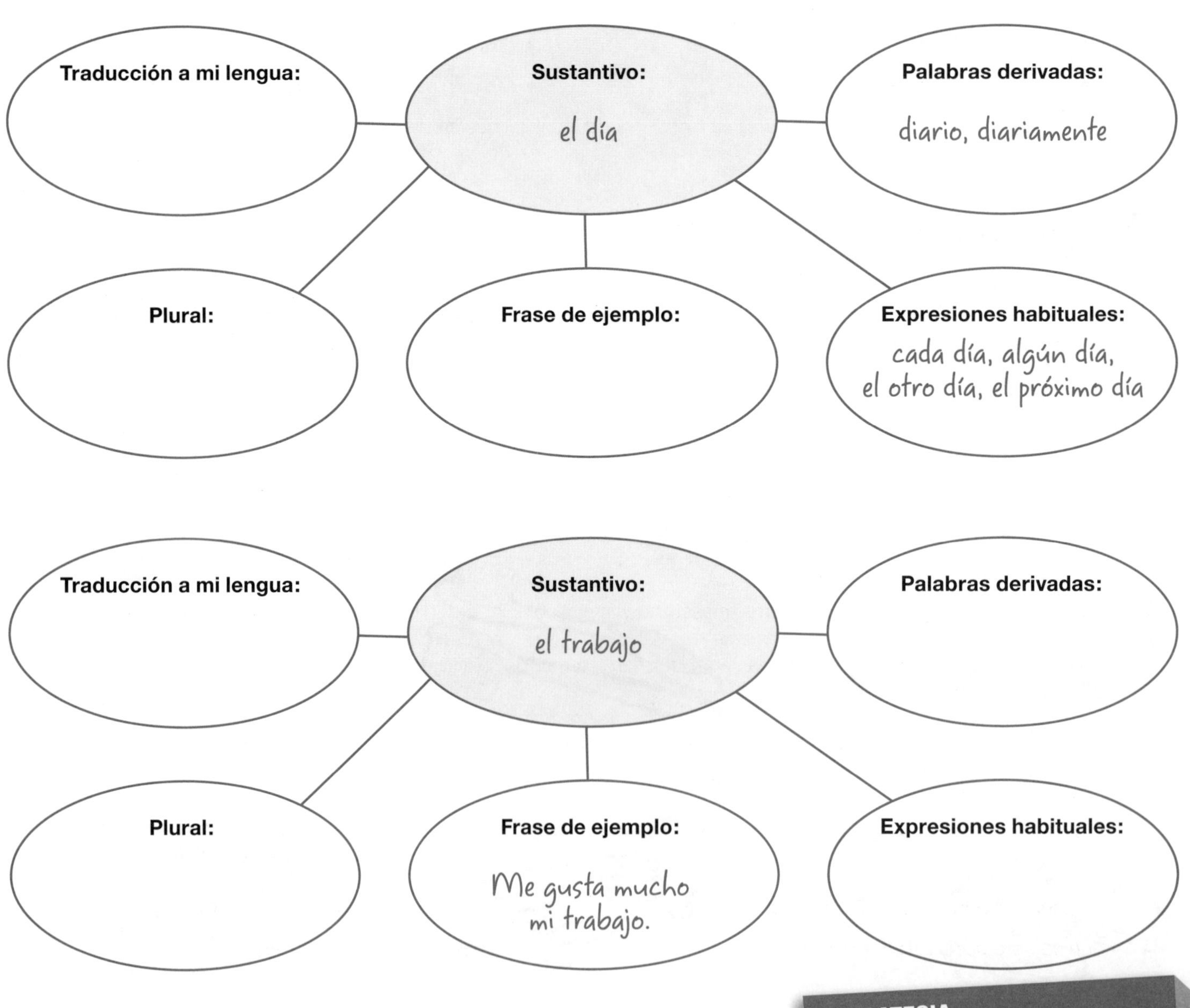

B. Ahora escoge tres sustantivos más y completa un cuadro como estos en tu cuaderno.

ESTRATEGIA
Recuerda que aprender una palabra no es solo aprender su traducción o su forma gramatical. Conocer las expresiones en las que se utiliza, su significado, el contexto, etc., te ayudará a aprenderla y a saber utilizarla mejor.

LOS ADJETIVOS

Los adjetivos aportan información sobre cualidades o características de una cosa o persona (normalmente, un sustantivo) y concuerdan con el sustantivo en género y número.

Los adjetivos suelen situarse detrás del sustantivo al que se refieren.

*una mujer **alta***	*unas mujeres **altas***
*un hombre **alto***	*unos hombres **altos***

También pueden ir introducidos por los verbos **ser**, **estar** y **parecer**.

- *Marta es **guapa**.*
- *Su hermana es **rubia**.*
- *Luis está **triste**.*
- *Mariano parece **simpático**.*

1. ¿TÍPICA ES UN ADJETIVO?

A. ¿Cuáles de estas palabras son adjetivos? Señálalas.

en · aula · trabajo · escribir · gracias · **edad** · popular

cocinar · **de** · típica · amigo · guitarra · simpática

EL GÉNERO DE LOS ADJETIVOS

Los adjetivos pueden tener dos géneros: masculino y femenino.

- Los adjetivos que en masculino terminan en **-o** forman el femenino sustituyendo la **-o** por una **-a**: *pequeñ**o**/pequeñ**a**; italian**o**/italian**a**.*
- Los adjetivos que en masculino terminan en **-or** o en vocal tónica + **n**, forman el femenino añadiendo una **-a**: *trabajad**or**/trabajad**ora**; tard**ón**/tard**ona**.*
- Algunos adjetivos tienen la misma forma para el masculino y para el femenino. Son los que en masculino terminan en las vocales **-a**, **-e**, **-i**, **-u**, los que terminan en **-ista** y los acabados en consonante (**-l**, **-n**, **-r**, **-s**, **-z**).

*un hombre **elegante**/una mujer **elegante***	*un pueblo **marroquí**/una ciudad **marroquí***
*un hombre **optimista**/una mujer **optimista***	*un hombre **tenaz**/una mujer **tenaz***

- Los adjetivos de procedencia que en masculino terminan en consonante forman el femenino añadiendo una **-a**: *españo**l**/españo**la**; alemá**n**/alema**na**; inglé**s**/ingle**sa**.*

B. Ahora piensa en cinco adjetivos más y escríbelos aquí.

2. ¿MASCULINO O FEMENINO?

A. Marca con (F) los adjetivos que son femeninos, con (M) los masculinos y con (M/F) los que pueden ser de ambos géneros:

☐ famoso	☐ trabajadora	☐ pesimista	☐ marroquí
☐ tropical	☐ caro	☐ típico	☐ bonita
☐ increíble	☐ pequeña	☐ normal	☐ grande

B. Escribe ahora el femenino de las formas masculinas (M) y el masculino de las femeninas (F).

famoso / .... / ....

.... / .... / ....

.... / .... / ....

3. EL NOVIO PERFECTO TIENE QUE SER...

En tu opinión, ¿cómo tienen que ser estas cosas o personas? Si quieres, puedes utilizar el diccionario.

Un profesor perfecto/una profesora perfecto: amable, ...

Un novio perfecto/una novia perfecta: ....

Un lugar ideal para ir de vacaciones: ....

ESTRATEGIA
¿Conoces algún diccionario online?
Hay muchos, pero nosotros te recomendamos por ejemplo los Wordreference:
www.wordreference.com/es

4. SHAKESPEARE ES UN ESCRITOR INGLÉS

A. ¿Qué procedencia indican estos adjetivos?

inglés	Inglaterra	mexicano	
japonés		brasileño	
argentino		indio	
español		francés	

B. Estas cosas o personas son de alguno de los países del apartado anterior. ¿Sabes qué son y de dónde? Escríbelo debajo de cada una y añade alguna información más si la sabes decir en español.

Shakespeare es... un escritor inglés. Es el autor de Hamlet.	El mate es...	El champán es...	El guacamole es...
El Taj Mahal es...	El sake es...	Javier Bardem es...	Río de Janeiro es...

C. Piensa dos lugares, personas u objetos y haz una descripción como las anteriores, sin decir su nombre. En clase, léelas para tus compañeros, que deben intentar adivinar qué o quién es.

5. ¿CÓMO SE DICE...?

CD 29-34

A. Escucha la descripción que hacen estas personas de sus amigos o familiares. ¿Puedes definirlos tú con un solo adjetivo?

1. Julián es generoso.
2. ....
3. ....
4. ....
5. ....
6. ....

B. Ahora busca cuatro adjetivos y explica su significado utilizando otras palabras. Si quieres, puedes mirar en la transcripción del apartado **A** que tienes al final del libro. Léelos en voz alta. Tus compañeros deben intentar adivinar qué adjetivos son.

ESTRATEGIA
Cuando no conoces una palabra, puedes intentar explicarla o definirla: descríbela con otras palabras que ya conoces.

EL NÚMERO DE LOS ADJETIVOS

Por lo general, los adjetivos tienen una forma para el singular y otra para el plural.

- Los adjetivos que terminan en vocal forman el plural añadiendo **-s**.

un río ***largo*** */ unos ríos* ***largos***

una novela ***interesante*** */ unas novelas* ***interesantes***

- Los que terminan en consonante forman el plural añadiendo **-es**.

un día ***normal*** */ unos días* ***normales***

un hombre ***trabajador*** */ unos hombres* ***trabajadores***

! Los adjetivos que terminan en **-í** o **-ú** forman el plural añadiendo **-s** o **-es**.

una ciudad ***iraquí*** */ unas ciudades* ***iraquís*** *(o* ***iraquíes****)*

un templo ***hindú*** */ unos templos* ***hindús*** *(o* ***hindúes****)*

6. TE RECOMIENDO ESTA NOVELA

CD 35-40

¿De qué están hablando estas personas?
Pon el número de cada diálogo debajo de la imagen correspondiente.

A

B

C

D

E

F

7. CONTRARIOS

A. Relaciona cada adjetivo con su antónimo de abajo.

1. antipático	3. paciente	5. impuntual	7. tímido	9. natural
2. responsable	4. generoso	6. optimista	8. trabajador	10. normal

☐ egoísta	☐ puntual	☐ amable	☐ impaciente	☐ vago
☐ abierto	☐ artificial	☐ pesimista	☐ irresponsable	☐ raro

B. Ahora, escribe los adjetivos del apartado **A** en su lugar correspondiente de la tabla y complétala.

	MASCULINO SINGULAR	MASCULINO PLURAL	FEMENINO SINGULAR	FEMENINO PLURAL
-o				
-e				
-ista				
-l, -n, -s, -r, -z				
vocal tónica + n, -or				

5. LOS ARTÍCULOS

ARTÍCULOS DE PRIMERA MENCIÓN O INDETERMINADOS

Son los siguientes:

	MASCULINO	FEMENINO
SINGULAR	**un** sombrero	**una** camiseta
PLURAL	**unos** sombreros	**unas** camisetas

Se usan para introducir un sustantivo referido a un elemento que se menciona por primera vez o cuando creemos que el interlocutor no lo conoce.

- *Yo voy a nadar a **una** piscina de mi barrio.*
- *Aquí viven **unos** chicos alemanes.*
- *¿Hay **una** estación de metro por aquí?*

! En la expresión **unos/unas** + **número**, **unos/unas** indica una cantidad aproximada.

- *¿Cuánto dinero tienes?*
- ○ ***Unos** cinco euros.* [= cinco euros aproximadamente]

1. LA VACA ES UN ANIMAL...

A. Completa estas frases con el artículo indeterminado correspondiente. Si no conoces algunas palabras, búscalas en el diccionario.

a. Necesito .... mapa de la ciudad.

b. Muriel, en la puerta hay .... chicas.

Creo que son tus amigas.

c. La guitarra es .... instrumento de cuerda.

d. El viernes no puedo ir a clase.

Voy a .... boda en Santander.

e. ¿Tienes .... billete de 10 euros?

f. Hoy ponen .... película muy buena en la tele.

B. Piensa en diez palabras que quieres aprender y escríbelas con el artículo indeterminado correspondiente. Puedes utilizar el diccionario.

ARTÍCULOS DE SEGUNDA MENCIÓN O DETERMINADOS

Son los siguientes:

	MASCULINO	FEMENINO
SINGULAR	**el** día	**la** noche
PLURAL	**los** días	**las** noches

! Cuando el artículo **el** sigue a la preposición **a** o **de**, forman una sola palabra, excepto si el artículo forma parte del nombre propio:

- *Esta tarde quiero ir **al** cine.* [**a** + **el**]
- *Hoy salgo tarde **del** trabajo.* [**de** + **el**]

PERO • *Soy **de** El Salvador.*

Se utilizan delante de los sustantivos, en distintas situaciones comunicativas:

▶ Para hablar de algo que ya está en el contexto de la comunicación, porque se ha mencionado antes o porque se conoce o se supone su existencia.

- *Esta noche llegan **los** amigos de Lara.* [Sabemos de qué amigos se trata porque hemos hablado de ellos antes.]
- *Julio trabaja en **el** ayuntamiento.* [Se supone que en todas las ciudades y pueblos hay un ayuntamiento.]

▶ Cuando se sabe o se supone que un elemento es único.

- *Este es **el** padre de Paola.* [Paola solo tiene un padre.]

▶ Para identificar un elemento dentro de un grupo. En este caso, puede no aparecer el sustantivo.

- *¿Qué botas prefieres?*
- ***Las** marrones.*

▶ Para referirnos a una categoría o especie en general.

- ***El** vino de Rioja es famoso en todo el mundo.*
- ***Los** osos son mamíferos.*

▶ Para informar sobre las horas y los días de la semana.

– Si nos referimos a un día concreto, utilizamos el artículo en singular.

- ***El** lunes empieza el curso.* [= este lunes]

– Si nos referimos a **todos los martes**, por ejemplo, utilizamos el artículo en plural.

- ***Los** martes voy a nadar.* [= todos los martes]

– Para informar sobre la hora utilizamos siempre el artículo en plural, excepto en el caso de **la una**.

- *Salgo de trabajar a **las 5**.*
- *Normalmente me voy a dormir a **la una**.*

! Cuando hablamos de intervalos de horas, podemos suprimir el artículo.

- *Trabajo de **Ø** 9 a **Ø** 6.* = • *Trabajo de **las** 9 a **las** 6.*

2. CHARLANDO EN UN BAR

CD 41

Escucha estas frases que Nacho le dice a Berta y decide a qué situación corresponden.

1
- a. Nacho y Berta no hablan por primera vez sobre las camisetas.
- b. Nacho habla de las camisetas por primera vez.

2
- a. Berta sabe de qué libro habla Nacho.
- b. Berta no sabe de qué libro habla Nacho.

3
- a. Berta no sabe qué examen tiene Nacho.
- b. Berta sabe qué examen tiene Nacho.

3. ...COMO TODOS LOS SÁBADOS

Une cada pregunta con su respuesta y completa con el/la/los/las:

1. ¿Qué día te vas de viaje a Australia? ☐
2. ¿Qué camiseta prefieres? ☐
3. ¿Qué haces .... sábado? ☐
4. ¿A qué hora empieza .... película? ☐
5. ¿Cómo se llama .... padre de Víctor? ☐
6. ¿Quieres venir a .... teatro esta tarde? ☐

a. Creo que Felipe.
b. .... martes próximo..
c. Gracias, pero no me gusta mucho .... teatro.
d. A .... ocho y media.
e. .... blanca.
f. Voy a casa de mi abuela, como todos .... sábados.

CUÁNDO USAR EL ARTÍCULO Y CUÁL ESCOGER

➔ En español no es necesario utilizar siempre los artículos: según lo que queremos decir utilizamos el artículo indeterminado, el determinado o hablamos sin artículo.

➔ Las formas del artículo indeterminado singular **un**/**una** no se utilizan con verbos como **tener** o **haber** cuando hablamos de elementos de los que pensamos que lo normal es tener uno o que haya uno.

- *Álvaro no tiene **Ø** móvil.*
- *¿Tú tienes **Ø** coche, Óscar?*
- *¿Hay **Ø** cafetera en tu oficina?*
- *En mi casa hay **Ø** ascensor.*

➔ Con **unos**/**unas** hablamos de varios elementos, que nosotros conocemos o que identificamos, por primera vez.

- *En mi país hay **unas** playas preciosas.*
- *Antonia tiene **unos** hermanos muy simpáticos.*

En cambio, para hablar en general de una categoría de cosas o personas, indeterminadas y sin resaltar su individualidad, no usamos artículo. Por eso, es frecuente no usar artículos en frases interrogativas y negativas, en las que no podemos referirnos a elementos individuales.

- *Vendemos **Ø** pisos con vistas al mar.*
- *Marta siempre usa **Ø** camisas, nunca camisetas.*
- *¿Hay **Ø** playas bonitas en Gran Canaria?*
- *En esta ciudad no hay **Ø** parques*

➔ Normalmente, no utilizamos artículos con sustantivos que no se pueden contar, como **aceite**, **agua**, **sal**, etc., cuando queremos expresar una cantidad no determinada de ese sustantivo.

- *Nos falta **Ø** pan, **Ø** aceite y **Ø** agua; ¿puedes comprar, por favor?*
- *Este postre se hace con **Ø** harina y **Ø** mantequilla, pero sin **Ø** leche.*

Pero sí usamos artículo cuando nos referimos a algo de lo que se ha hablado antes.
En este caso utilizamos el artículo definido:

- *¿Traes **el** pan, **el** aceite y **el** agua?*
- *Primero, calentamos **la** mantequilla...*

En general, no se utiliza ningún artículo antes de nombres de personas, continentes, países y ciudades, excepto cuando los artículos forman parte del nombre: **La Haya**, **El Cairo**, **El Salvador**. Con algunos países, el uso es opcional: (**La**) **China**, (**El**) **Perú**. Se usa el artículo determinado delante de los accidentes geográficos.

- *¿Conoces a **Ø** María?*
- ***El** Everest es la montaña más alta del mundo.*
- ~~*¿Conoces a **la** María?*~~
- ~~***Ø** Everest es la montaña más alta del mundo.*~~

! Nunca utilizamos los artículos indefinidos antes de **otro**/**otra**/**otros**/**otras**, pero sí los definidos.

- *¿Pedimos **Ø otra** botella de vino?*
- ~~*¿Pedimos **una otra** botella de vino?*~~
- *Tengo dos hermanos: uno es rubio como yo y **el otro** es moreno.*

4. ¿CON O SIN ARTÍCULO?

Escoge entre un/una/unos/unas, el/la/los/las o Ø (si no hay artículo).

1. .... agua es fundamental para una vida sana.
2. ¿Tienes tú .... libro de Hortensia? Ella no lo tiene.
3. .... capital de Japón es Tokio.
4. Para preparar la salsa bechamel necesitas .... harina, ... leche y .... sal.
5. ¿Quieres .... otra cerveza?

5. ¿CUÁL ES TU COLOR FAVORITO?

Contesta a estas preguntas con información personal. ¿Qué tipo de artículos necesitas?

a. ¿Cuál es tu **color** favorito? El...

b. ¿Cuál es tu **ciudad** o **país** favorito? ....

c. ¿Cuál es tu **día de la semana** favorito? ....

d. ¿Cuál es tu **estación del año** favorita? ....

e. ¿**A qué hora** ponen tu programa de televisión favorito? ....

f. ¿**Qué día** es tu cumpleaños? ....

MUNDO PLURILINGÜE

En tu cuaderno, traduce estas frases a tu lengua y fíjate en el artículo en cada caso. ¿Se utiliza igual? Si no es así, ¿qué mecanismos se emplean para sustituirlo?

1. ¿Hay elefantes en Venezuela?
2. Ester siempre lleva pañuelos de papel.
3. El güisqui escocés es muy famoso.
4. Los sábados voy a casa de mi familia, pero el sábado próximo no puedo.

6. LOS DEMOSTRATIVOS

USO DE LOS DEMOSTRATIVOS

En español se utilizan los demostrativos para referirse a algo o a alguien, indicando su cercanía o su lejanía respecto a las personas que hablan, tanto en el espacio como en el tiempo.

CERCA DE QUIEN HABLA	
MASC. SING.	**este**
FEM. SING.	**esta**
MASC. PLUR.	**estos**
FEM. PLUR.	**estas**

CERCA DE QUIEN ESCUCHA	
MASC. SING.	**ese**
FEM. SING.	**esa**
MASC. PLUR.	**esos**
FEM. PLUR.	**esas**

LEJOS DE AMBOS	
MASC. SING.	**ese/aquel**
FEM. SING.	**esa/aquella**
MASC. PLUR.	**esos/aquellos**
FEM. PLUR.	**esas/aquellas**

! En la mayoría de los casos se puede utilizar **ese** para referirse a algo o a alguien que está lejos tanto del hablante como del oyente. **Aquel** se utiliza para referirse a algo lejano en el espacio o en el tiempo, sobre todo en un registro culto oral o escrito, o bien para distinguir un objeto de otro.

- ***Esta*** *guitarra, ¿es de Marcos?*
- *¿Me das* ***ese*** *libro que está sobre la toalla, por favor?*
- *¿Ves* ***aquella*** *montaña? Es el Aconcagua. = ¿Ves* ***esa*** *montaña? Es el Aconcagua.*

Los demostrativos pueden acompañar a un sustantivo. En este caso actúan como adjetivos, se sitúan siempre delante del sustantivo y no pueden aparecer junto a un artículo:

- ***Esos*** *zapatos son nuevos, ¿no?*
- *~~El este jersey~~ es viejo, ¿no?*

! Construcciones como **el jersey este**/**ese** se utilizan cuando el hablante se distancia del objeto, bien por rechazo o por desconocimiento:

- ***El hombre ese*** *es un idiota.* [rechazo]
- *¿Cómo se llama* ***el software ese*** *para descargar vídeos de internet?* [desconocimiento]

6. LOS DEMOSTRATIVOS

Los demostrativos también pueden sustituir a un sustantivo ya nombrado anteriormente o conocido por el contexto. En este caso actúan como pronombres:

- *¿Qué camisa quieres,* ***esta****?*
- *No,* ***esa****, la nueva.*

En ambos casos concuerdan en género y en número con el sustantivo al que se refieren.

! En algunos casos se puede encontrar una tilde sobre los pronombres demostrativos para diferenciarlos de los adjetivos. Según la Real Academia Española, solo es necesario escribirla cuando la tilde sirve para aclarar el significado de una frase.

1. ESTA ES MI MALETA

¿Puedes relacionar cada diálogo con una imagen?

1. • Perdón, pero esta es mi maleta.
   ○ ¿Está usted seguro?

2. • Aquella maleta roja, ¿no es de Óscar?
   ○ ¡Ay, sí!

3. • ¿Es esa su maleta.
   ○ Pues… sí.

2. ¿ESTE, ESTA, ESTOS O ESTAS?

¿Puedes completar estas frases con las terminaciones que faltan?

1. • No sé qué pantalones llevarme. ¿Qué crees tú? ¿Cuáles son más elegantes, est...... o est......?
   ○ Hombre, los negros, ¿no?

2. • Est...... fin de semana me voy a Barcelona.
   ○ ¡¿Est...... ?! ¿Y mi fiesta de cumpleaños?

3. • *(Mirando una fotografía.)* ¿Quién es tu madre, est...... ?
   ○ No, est...... que está con Pablo.

4. • Me llevo las gafas de sol.
   ○ ¿Cuáles, est...... ?
   • No, est...... , las de Paco Pavanne.

5. • Mira est...... botas. Son preciosas.
   ○ Sí, y muy caras.

6. • Me interesa mucho est...... curso de teatro.
   ○ Sí, los profesores son muy buenos.

3. ¿DE QUÉ HABLAN?

CD 42-47

Escucha estas conversaciones que suceden en una tienda y escribe de qué crees que están hablando.

diálogo 1:	○ unos zapatos	○ unas gafas de sol
diálogo 2:	○ un microondas	○ una cámara de fotos
diálogo 3:	○ unos pantalones	○ unas botas
diálogo 4:	○ unas botas	○ una maleta
diálogo 5:	○ un secador de pelo	○ una tarjeta de crédito
diálogo 6:	○ un protector solar	○ una camiseta

4. UNA FLAUTA, UN MARIACHI Y UNOS ZAPATOS

Lee estas ocho conversaciones. ¿Sabes a qué elementos de las cajas se refieren?

una falda
una camiseta
unas botas
un diccionario
un foro
un cuaderno
el son
un mariachi
unos zapatos
un piano
una flauta
un plato típico
un juego

1. • Este es muy bueno, ¿no?
   ○ Sí, pero yo prefiero leer las definiciones solo en español.

   Hablan de...

2. • ¿Qué tal le queda esa?
   ○ Mmmm, no, no me gusta. Me llevo solo esta de manga corta.

   Hablan de...

3. • ¿Qué te gusta más con el vestido verde? ¿Estos o las sandalias?
   ○ Mujer, esos. Mucho más.

   Hablan de...

4. ○ A mí me gusta esta. Tiene un sonido estupendo.

   Hablan de...

5. • Ah, sí, ese es un ritmo cubano, ¿no?
   ○ Sí, es la base de la salsa.

   Hablan de...

6. • ¿Jugamos a ese de preguntas y respuestas?
   ○ Sí, vale.

   Hablan de...

7. • Yo escribo en uno de viajes y es increíble: la gente sabe mucho y contesta a todas mis preguntas.
   ○ ¿Ese que se llama "viajes.com" o algo así?

   Hablan de...

8. • Prefiero utilizar el de las hojas blancas.

   Hablan de...

LOS DEMOSTRATIVOS NEUTROS

Además de las formas de masculino y femenino (en singular y plural), existen formas neutras. Estas formas son invariables.

	CERCA DE QUIEN HABLA	CERCA DE QUIEN ESCUCHA	LEJOS DE AMBOS
NEUTRO	**esto**	**eso**	**eso/aquello**

Los demostrativos neutros actúan siempre como pronombres, es decir, no acompañan a un sustantivo, sino que lo sustituyen. Sirven para referirse a:

▶ algo que no queremos o que no es necesario nombrar (una o varias cosas, un lugar, una situación, algo ya dicho...):

- *Entonces dos kilos de tomates, ¿algo más?*
- ○ *No, **eso** es todo.*
- ***Eso** que dices no tiene mucho sentido.*
- *¡Qué animado está **esto**!*
- *¡**Esto** es increíble: voy al desierto y llueve!*

▶ algo que no podemos nombrar:

- *¿Cómo se llama **eso**?*
- *¿Qué es **aquello**/**eso** de allí? Parece un animal, ¿no?*
- ***Esto** es un bolígrafo.*

Los demostrativos neutros no se utilizan para hablar de personas.

- ~~*Esto es Felipe.*~~
- ***Este** es Felipe.*

! Los demostrativos neutros no tienen plural.

- ***eso de ahí** es un museo → **eso de ahí** son unos museos*
- ***ese** es Jorge → **esos** son Jorge y Diego* [plural de ese = esos]

5. ¿CÓMO SE LLAMA ESTO?

Relaciona cada diálogo con la imagen correspondiente y completa con las palabras que faltan.

1. • Pierre: ¿Cómo se llama eso en español?
   ○ Adriana: ¿Esto? Ah, sí, se dice ....

2. • Pierre: ¿Y eso? ¿Cómo se llama?
   ○ Adriana: Eso son unas ....

3. ○ Adriana: Eso sí sabes cómo se llama. ¿Es internacional, ¿no?
   • Pierre: ¿Esto? Creo que ....

6. ¡ESO ES FANTÁSTICO!

Señala la forma correcta.

1. ¿Cómo se llama **esto/este** en español?
2. ● ¡Vamos a tener un niño!
   ○ ¿De verdad? ¡Pero **eso/ese** es fantástico!
3. Mira, César, **esto/este** es mi primo Iñaki.
4. ● ¿Quién es **aquel/aquello** hombre de allí?
   ○ Es mi profesor de alemán. Vamos, te lo presento.

7. UN POCO DE TEATRO

Escribe un diálogo como los del ejercicio 3 utilizando demostrativos y, después, represéntalo con un compañero en clase. El resto debe adivinar a qué objeto os referís.

● ....

○ ....

● ....

○ ....

8. ¡ESTO ESTÁ MAL ESCRITO!

Este es el tablón de anuncios de una residencia de estudiantes extranjeros que aún no dominan el español. ¿Puedes corregir los demostrativos?

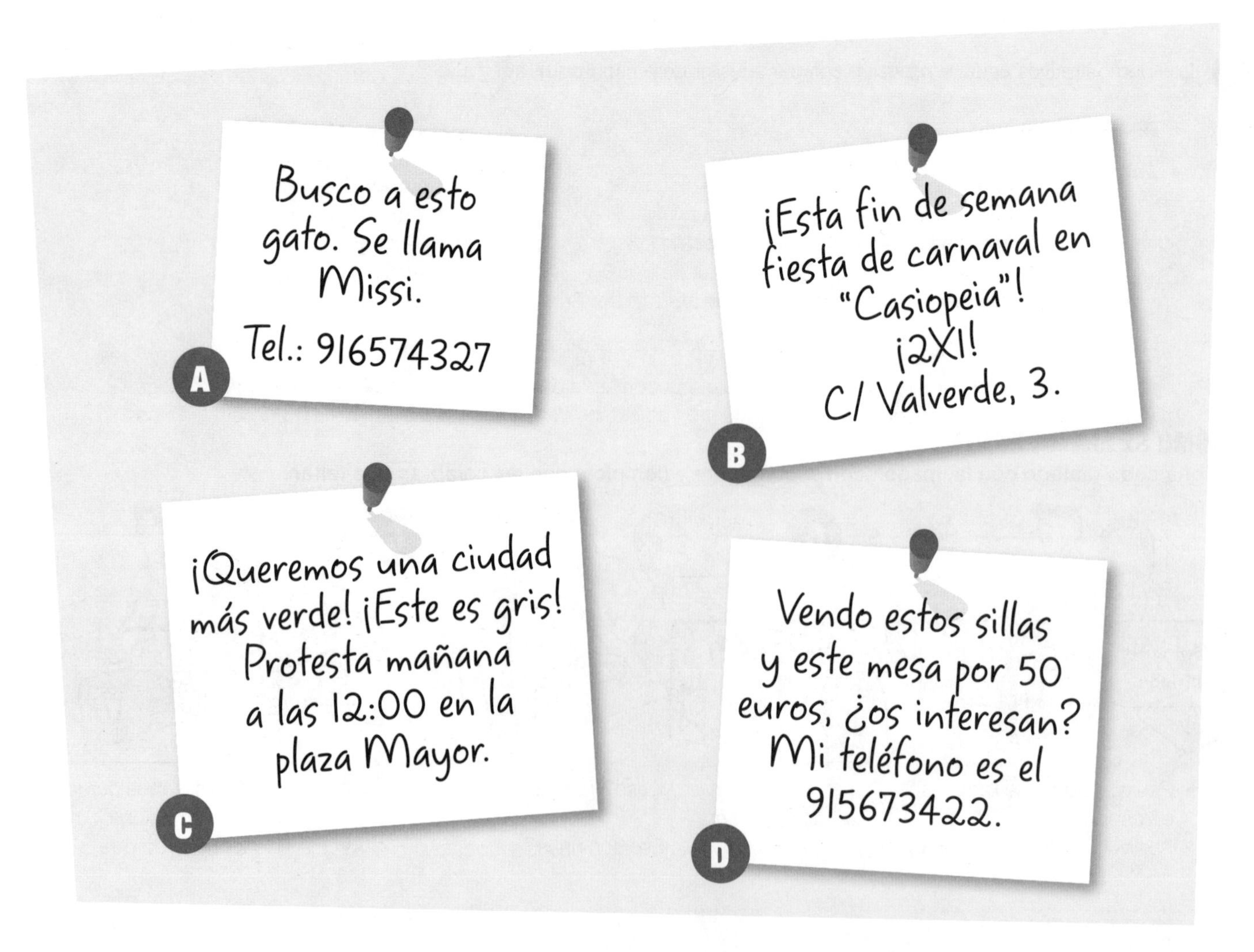

MUNDO PLURILINGÜE

¿Existen palabras que funcionan como los demostrativos en tu lengua? ¿Y en otras lenguas que conoces? ¿Se utilizan exactamente igual? Traduce estas frases a tu lengua y obsérvalo. ¿Hay casos en los que se usa el demostrativo en tu lengua pero no en español?

- ¿Quién es tu padre, **ese**?
- ○ No, **ese** que está con Pablo.

....

....

- **Aquella** maleta roja, ¿no es de Óscar?
- ○ ¡Ay, sí!

....

....

- ¿Qué es **aquello/eso** de allí? Parece un animal, ¿no?

....

- **Eso** que dices no tiene mucho sentido.

....

- Me interesa mucho **este** curso de teatro.
- ○ Sí, los profesores son muy buenos.

....

....

ESTRATEGIA

Comparar la lengua extranjera con tu lengua o con otras que conoces te ayudará a aprenderla mejor.

LOS DEMOSTRATIVOS Y LOS ADVERBIOS DE LUGAR

➔ Los demostrativos están en relación con los adverbios de lugar **aquí**, **ahí** y **allí**.

AQUÍ	AHÍ	ALLÍ
este chico	**ese** chico	**ese**/**aquel** chico
esta chica	**esa** chica	**esa**/**aquella** chica
estos amigos	**esos** amigos	**esos**/**aquellos** amigos
estas amigas	**esas** amigas	**esas**/**aquellas** amigas
esto	**eso**	**eso**/**aquello**

➔ Fíjate en que, en una conversación, un mismo objeto puede estar designado por diferentes demostrativos según quién los utilice y dónde se encuentre el hablante. Los adverbios de lugar ayudan a aclarar a qué nos referimos con el demostrativo.

!

- *Estos vasos* ***de aquí*** *son de vino.*
- ~~*Estos vasos aquí son muy de vino.*~~ PERO • ***Estos*** *vasos están* **Ø** *aquí.*

7. LOS POSESIVOS

POSESIVOS ANTES DEL SUSTANTIVO: FORMAS ÁTONAS

Los posesivos se utilizan para identificar algo o a alguien refiriéndose a su poseedor. La relación de posesión no es literal; es decir, puede entenderse como una relación de posesión, deparentesco, pertenencia a un grupo, etc.

➔ Las formas átonas de los posesivos se colocan delante del sustantivo y varían según quién es el poseedor. Los posesivos **mi**, **tu** y **su** tienen la misma forma para el masculino y para el femenino y concuerdan en número con lo poseído. **Nuestro** y **vuestro** concuerdan en género y en número con lo poseído.

	SINGULAR MASCULINO/FEMENINO	PLURAL MASCULINO/FEMENINO
(YO)	**mi** amigo/amiga	**mis** amigos/amigas
(TÚ)	**tu** amigo/amiga	**tus** amigos/amigas
(ÉL/ELLA/USTED)	**su** amigo/amiga	**sus** amigos/amigas
(NOSOTROS/NOSOTRAS)	**nuestro** amigo/ **nuestra** amiga	**nuestros** amigos/ **nuestras** amigas
(VOSOTROS/VOSOTRAS)	**vuestro** amigo/ **vuestra** amiga	**vuestros** amigos/ **vuestras** amigas
(ELLOS/ELLAS/USTEDES)	**su** amigo/amiga	**sus** amigos/amigas

➔ Los posesivos **su**/**sus** se pueden referir a diferentes personas: **él**, **ella**, **usted**, **ellos**, **ellas** o **ustedes**.

- *Esos son **Julián** y **su** padre.* [su = de él]
- ○ *Y esos, **Marina** y **su** padre, ¿no?* [su = de ella]

- ***Señores Bertelo**, estos son **sus** abrigos, ¿verdad?* [sus = de ustedes]

- ***Lupe** y **Eli** no han recogido **sus** entradas.* [sus = de ellas]

➔ Si no está claro quién es el poseedor, se utiliza **de** + **nombre**.

- *¿De quién es esa mochila?*
- ○ *Creo que **de Pancho**.*

! Al contrario que en otras lenguas, las formas átonas de los posesivos no pueden ir acompañadas de un artículo: ~~*el mi primo.*~~

! Para diferenciar los posesivos **mi** y **tu** y de los pronombres personales **mí** y **tú**, estos dos últimos llevan una tilde.

- *Esta noche hago una fiesta en **mi** casa. ¿Vienes?*

- *¿Cómo se llama **tu** hermano?*

- *Me encanta Tarantino.*
- ○ *Uy, a **mí** no me gusta nada.*

- *Oye, ¿**tú** no eres Carla, la prima de Isabel?*

1. MIS AMIGOS SON TUS AMIGOS

¿Cómo expresas estos conceptos con un posesivo?

1. La ciudad donde vivo o de donde soy: ....
2. La silla que uso normalmente en la clase de español: ....
3. Otro hijo de mis padres: ....
4. Los pantalones que compra y paga Juan: ....
5. La comida que más me gusta: .... preferida.
6. La madre de Juanjo y Leire: ....
7. Las personas con las que tenemos amistad: ....

2. ESTA ES MI FAMILIA

CD 48

Mónica habla de su familia. Escúchala y completa su árbol genealógico.

Mónica

3. ¿TÚ CONOCES ASIA?

A. **Fíjate en la imagen y contesta: ¿dónde están estas personas? ¿de qué crees que hablan? Escríbelo aquí.**

Seguramente están en...

....

....

....

Asia

CD 49

B. **Ahora escucha la grabación y comprueba tus respuestas.**

C. Completa las frases con tu/tú y mi/mí, y comprueba el resultado con la transcripción que tienes al final del libro.

- Algún día quiero ir a China. ¿........... conoces Asia?
- ○ Sí, bueno, solo Japón.
- Pues a .... me gustaría viajar a Shanghai; .... mi hermana dice que es la ciudad más interesante de Asia en este momento.
- ○ Claro, ... hermana viaja mucho a China, ¿no?, ¿y por qué no viajas con ella?
- Es que ella va siempre por su trabajo y está solo uno o dos días. Para ...., viajar significa estar por lo menos dos semanas en un lugar.
- ○ Ya, a .... me pasa lo mismo.

4. MI VIDA NO TIENE SENTIDO...

Fíjate en estos personajes y relaciónalos con los textos que aparecen a continuación. Complétalos después con los posesivos que faltan.

1. Nosotros creemos en un estado social. .... interés es el interés de .... sociedad; una sociedad moderna, dinámica y justa...

2. No sé quién soy ni para qué vivo, doctor. Siento que .... vida no tiene sentido: no entiendo a .... pareja, ni a .... amigos... .... trabajo es absurdo. Todos .... valores, ... identidad...

3. Es que es un egoísta. Siempre él, él, él: .... trabajo, ... amigos, ... tiempo... ¿Y yo? ¿y .... amigos y .... tiempo? Yo también tengo una vida, pero parece que a veces no piensa en eso...

4. ¡Hemos terminado! ¡No quiero verte más! Aquí tienes .... cosas: .... ropa, ... libros, ... maravillosa colección de DVD de clásicos del cine europeo...

GRADUAR EL SUSTANTIVO

Los cuantificadores son adjetivos y adverbios que se usan para graduar la cantidad o la intensidad. Funcionan con distintos tipos de palabras: nombres, verbos, adjetivos y adverbios.

Cuando están junto a un sustantivo contable, los cuantificadores funcionan como adjetivos y concuerdan en género con el sustantivo; a excepción de **bastantes**, que tiene una única forma para ambos géneros.

	MASCULINO	FEMENINO
+	**Demasiados** papeles	**Demasiadas** maletas
↑	**Muchos** papeles	**Muchas** maletas
	Bastantes papeles	**Bastantes** maletas
	Algunos papeles	**Algunas** maletas
	Pocos papeles	**Pocas** maletas
-	**Ningún** papel	**Ninguna** maleta

▶ Normalmente, se colocan antes del sustantivo.

- *Tengo **muchos** relojes porque los colecciono.*
- *Aquí está mi equipaje.*
- ○ *¡Uf! llevas **bastantes** maletas, no sé si caben en el maletero.*
- *Hay **algunos** chicos extranjeros en mi clase de pintura.*
- *Tenemos **pocas** manzanas, necesitamos más para el pastel.*

! **Demasiado** se usa para expresar un exceso, por lo que tiene siempre un matiz negativo.

- *Hay demasiados turistas en esta calle, ¿vienes a algún lugar más tranquilo?*

! Se usa **no** en frases con el cuantificador **ningún**/**ninguna**.
Ver pág. 46

- ***No** encuentro **ningún** bolígrafo, ¿puedes prestarme uno?.*

▶ Con **bastante** nos podemos referir a una cantidad entre **algunos** y **muchos**; o bien, podemos querer decir **suficiente**.

- *¿Llevas **bastantes** botellas de agua para todos?* [suficientes]
- *Hoy tenemos **bastantes** clientes en el restaurante.* [entre algunos y muchos]

▶ Cuando, por el contexto, está claro de qué estamos hablando, se puede no poner el sustantivo. En este caso, el cuantificador **ningún** se convierte en **ninguno**.

- *¿En tu país hay **ríos grandes**?*
- ○ *Sí, **muchos**.*
- *Pues en el mío no hay **ninguno**.*

Cuando están junto a un sustantivo no contable, los cuantificadores funcionan como adjetivos y concuerdan en género con ese sustantivo, a excepción de **bastante**, **un poco de** y **nada de**, que tienen una única forma para ambos géneros. Normalmente, se colocan antes del sustantivo.

	MASCULINO	FEMENINO
+	**demasiado** sol	**demasiada** lluvia
↑	**mucho** sol	**mucha** lluvia
	bastante sol	**bastante** lluvia
	un poco de sol o **algo de** sol	**un poco de** lluvia o **algo de** lluvia
	poco sol	**poca** lluvia
-	**nada de** sol	**nada de** lluvia

- *Hace **demasiado** calor, no se puede estar al sol.*
- *¡Mira, Óscar, hay sitio para aparcar delante de tu casa!*
- ○ *¡Sí, tenemos **mucha** suerte: es difícil aparcar en este barrio.*
- *Tenemos **bastante** leche, no hace falta comprar más.*
- *Es la primera vez que conduzco, tengo **un poco de** miedo.*
- *Tenemos **poca** leche, hace falta comprar más.*
- *¿**No*** nos queda **nada de** pan?*
- ○ *No, ¿te puedes acercar a la panadería, por favor?*

! *Se usa **no** en frases con el cuantificador **nada de**.
Ver pág. 46

! Tanto **un poco de** como **poco** expresan «cantidad pequeña», pero hay una diferencia de valoración: con **un poco de** subrayamos la existencia de algo; con **poco**, subrayamos su escasez.

- *A Luciano le gusta la comida con **poca** sal.*
- *¿Te pongo **un poco de** azúcar en el café, Gustavo?*

1. ¿CÓMO TERMINAN?

Escribe la terminación adecuada de los cuantificadores, si es necesario.

1. No quiero entrar en ese bar, hay demasiad...... gente y demasiad...... humo.
2. Mi hermana tiene much..... amigas, pero poc..... amigos.
3. • ¿No tienes ningún..... diccionario en casa?
   ○ No, lo siento, no tengo nigun.....
4. • No podemos dar la clase aquí, no hay bastante..... luz.
   ○ Sí, en este aula hay bastante..... ventanas, pero es verdad: no entra much..... luz.
5. Tengo algun..... discos de Shakira, te los puedo dejar.
6. Yo veo poc.... cine español.

2. NO TENGO NADA DE SUEÑO

Completa con ningún/a o nada de.

1. No tenemos .... aceite, ¿pides un poco a los vecinos, por favor?
2. En esta casa no hay .... libro. ¿Nadie lee?
3. Mamá, no tengo .... sueño. ¿Puedo quedarme a ver la tele?
4. No hay .... plato sin carne en este restaurante.
5. No nos queda .... diccionario de griego. Nos llegan mañana.
6. No conozco .... discoteca con buena música por aquí. ¿Y tú?

3. TENEMOS MUCHO TIEMPO

¿Poco/a/os/as o un poco de?

1. ¿Pones .... de sal en en arroz? Está soso.
2. Yo siempre cocino con .... sal; el médico dice que no puedo tomar mucha.
3. Hay .... azúcar, necesito más para el pastel.
4. Tengo .... hambre, ¿tomamos algo?
5. Ahora tengo .... hambre; yo como más tarde.
6. No podemos ver el museo: tenemos .... tiempo.
7. La fiesta es un fracaso: hay .... gente.
8. • Tengo sed.
   ○ ¿Quieres .... agua?

4. LA MALETA DE SANDRA

Sandra va a pasar siete días de vacaciones en el Caribe. Esta es su maleta. ¿Lleva todo lo que necesita? ¿Lleva cosas de más? Escríbelo. Luego, coméntalo en clase con tus compañeros.

Lleva pocas camisetas. ....

....

....

....

....

....

....

....

....

....

....

8. CUANTIFICADORES

GRADUAR EL VERBO

Cuando modifican a un verbo, los cuantificadores funcionan como adverbios y son invariables. Se colocan después del verbo.

+	Marisa	habla **demasiado**.
↑		habla **mucho**.
		habla **bastante**.
		habla **un poco**.
		habla **poco**.
-		**no** habla **nada**.

- *Trabaja **demasiado** y duerme **poco**.*
- *Me río **mucho** con Lucía.*
- *Mi abuelo camina **bastante**, está en forma.*
- *¡Uf! Estoy cansado...*
- *Anda, descansa **un poco**, ahora conduzco yo.*
- *Hija, **no*** comes **nada**. ¿Te pongo más arroz?*

! *Se usa **no** en frases con el cuantificador **nada de**.
Ver pág. 46

! Como ocurre con los sustantivos no contables, existe una diferencia de valoración entre **poco** y **un poco**: con **poco**, subrayamos la escasez, mientras que, con **un poco**, subrayamos la existencia.

5. UN VAGO ES...

Completa con poco, mucho o nada.

1. Un **dormilón** es una persona que duerme ....
2. Un **vago** es una persona que trabaja ....
3. Una persona **trabajadora** es la que trabaja ....
4. Una persona **graciosa** es la que hace reír .... a los demás.
5. Una persona **deportista** es una persona a la que le gusta .... hacer deporte.
6. Un **egoísta** es una persona que no se preocupa .... por los demás.

6. COSTUMBRES

Escribe en tu cuaderno ocho frases con un elemento de cada cuadro, explicando tus costumbres. Puedes cambiar los elementos de la caja de la izquierda si lo necesitas.

dormir | tener tiempo libre | hacer deporte | salir de noche | estudiar | comer | ir al teatro / cine | trabajar

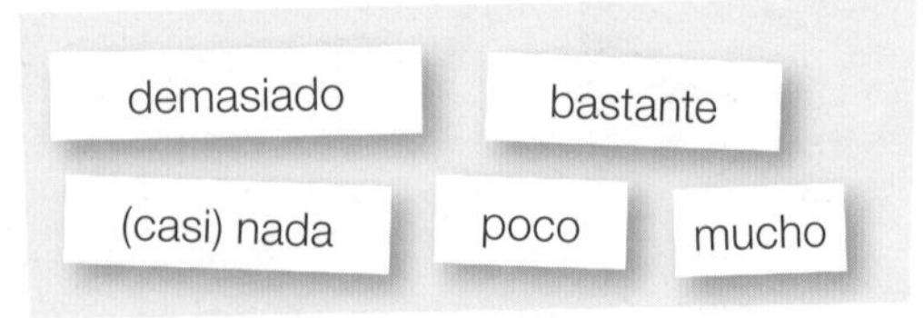

Yo estudio bastante, porque mi carrera es difícil.

GRADUAR LOS ADJETIVOS Y LOS ADVERBIOS

Cuando modifican a un adjetivo o a un adverbio, los cuantificadores se colocan antes de estas palabras y son invariables.

+	**demasiado** largo/larga	**demasiado** tarde
↑	**muy** largo/larga	**muy** tarde
	bastante largo/larga	**bastante** tarde
	un poco o **algo** largo/larga	**un poco o algo** tarde
	poco largo/larga	**poco** tarde
-	**nada** largo/larga	**nada** tarde

- *Esta camiseta es **demasiado** cara.*
- *Habla **muy** bien ruso.*
- *Llueve **bastante**, llévate el paraguas.*
- *Es **un poco** tarde, nos tenemos que ir.*
- *El chico es **poco** trabajador, pero puede cambiar.*
- *El nuevo disco de los Princess **no*** es **nada** bueno, me gusta más el anterior.*

! *Se usa **no** en frases con el cuantificador **nada de**.
Ver pág. 46

! **Poco** se usa para subrayar la ausencia de una cualidad; en cambio, **un poco** y **algo** se usan para marcar la presencia de esa cualidad. En muchos casos, **un poco** y **algo** gradúan adjetivos o adverbios presentados como negativos.

- *Este coche es **un poco** caro.* [Subrayamos la presencia de la cualidad «caro».]
- ○ *Y además es **poco** práctico.* [Subrayamos la ausencia de la cualidad «práctico».]

7. ¿CONOCES ALGÚN HOTEL POR AQUÍ?

CD 0-51

Completa las descripciones escogiendo una de las opciones propuestas. Luego escucha y comprueba tus respuestas.

1. El Hotel Colón está muy bien. Es ________ nuevo, está en el centro de la ciudad y tiene unas instalaciones ________ modernas. Es un hotel ________ conocido, por eso los precios están ________ bien: no es ________ caro.

muy | poco | nada

2. Esta casa es enorme, ______ grande para mí. Yo vivo sola y una casa como esta es ______ práctica. Lo bueno es que el precio está bien, es una casa ______ barata.

demasiado | bastante | poco

NO + NADA, NADA DE, NINGÚN/O/OS/A/AS

En español, las frases negativas siempre deben llevar una forma negativa antes del verbo: puede ser el adverbio **no** o una forma negativa como **nada**, **nada de** o **ningún**/**o**/**a**/**os**/**as**. Por eso, cuando colocamos **nada**, **nada de**, **ningún**/**o**/**a**/**os**/**as** después de un verbo, es necesario colocar el adverbio **no** antes del verbo.

- ~~*Come **nada**.*~~ ➜ • ***No** come **nada**.*
- ~~*Hay **ninguna** farmacia aquí.*~~ ➜ • ***No** hay **ninguna** farmacia aquí.*
- ~~*Tengo **nada de** hambre.*~~ ➜ • ***No** tengo **nada de** hambre.*

8. NO ME GUSTA NADA EL CHOCOLATE

Coloca el adverbio negativo no, si es necesario.

1. Me gusta nada su vestido.
2. Nada es mejor para la salud que caminar todos los días 30 minutos.
3. • Este es el jersey de Marta.
   ○ ¿De Marta? ¡Marta tiene ningún jersey de ese color!
4. Ese chico es nada simpático.
5. Ningún alumno quiere repetir curso, es normal.
6. Tengo nada de dinero: puedo comprar nada.
7. • Ninguna comida española es más conocida que la paella.
   ○ No es cierto, ¡la tortilla es más famosa!
8. Quiero comprar nada en este sitio, nada tiene buen aspecto.

PREGUNTAS DE RESPUESTA CERRADA O DE RESPUESTA ABIERTA

Existen dos tipos de preguntas o interrogaciones, según la respuesta que esperamos:

- En las preguntas de respuesta abierta se usa un pronombre o un adjetivo interrogativo, que corresponde al elemento por el que preguntamos.

  - *¿**Dónde** vives?*
  - *En Burgos.*

  Normalmente, el interrogativo se coloca al comienzo de la frase y siempre lleva acento gráfico.

  - *¿**Dónde** trabaja usted?*
  - *¿**Por qué** estudias español?*

- En las preguntas de respuesta cerrada la respuesta que esperamos obtener es **sí** o **no**. En estas preguntas no hay pronombres o adjetivos interrogativos. Los signos de interrogación y, en la lengua oral, la entonación ascendente, indican que es una pregunta.

  - *Tenemos tiempo para tomar un café.* →
  - *¿Tenemos tiempo para tomar un café?* ↗

En español, el signo de interrogación se coloca al principio y al final de la pregunta para marcar el cambio en la entonación.

- *¿Quién es el hombre que está al lado de Paula?*
- *Disculpe, ¿tiene hora?*

! En general, en las preguntas no es necesario colocar el sujeto, pero cuando ese sujeto es **usted** o **ustedes**, o no está claro quién es el sujeto, se pone.

- *¿Ø Dónde vives?*
- *¿Dónde vive **usted**?*
- *¿Ø Vamos al cine?*
- *¿Dónde trabaja **Marcelo**?*

1. ¿ES PERIODISTA?

CD 52

A. Escucha estas frases y fíjate en la entonación. ¿Cuáles son preguntas? Añade los signos de interrogación o los puntos finales necesarios.

1. ....Esto es Guatemala....
2. ....Tiene 30 años....
3. ....Esta es Marta Etura....
4. ....Son griegos....
5. ....Estudia informática....
6. ....Es periodista....
7. ....Marco vive en Bilbao....
8. ....Ella estudia español para viajar....
9. ....Trabaja en una escuela de idiomas....

B. Aquí tienes las respuestas a las preguntas del apartado A. ¿A qué pregunta corresponden?

- [ ] No, esa es Leonor Watling.
- [ ] Sí, de Creta.
- [ ] No, estudia Matemáticas.
- [ ] Sí, en el centro de la ciudad.
- [ ] Sí, escribe en *El País*.

9. LA INTERROGACIÓN

QUÉ, QUIÉN/ES, CUÁL/ES

Los interrogativos pueden ser pronombres o adjetivos y se refieren al elemento por el que preguntamos. Existen distintos tipos de interrogativos según su uso.

- Para preguntar por objetos y acciones utilizamos **qué**.
  - *¿**Qué** haces normalmente los sábados?*
- Para preguntar por **personas** utilizamos **quién/quiénes**. Concuerdan en número con el sustantivo al que se refieren.
  - *¿**Quién** es esa chica?*
  - *¿**Quiénes** son sus padres?*
- Para identificar uno o más elementos en un conjunto utilizamos **cuál/cuáles**. Concuerdan en número con el sustantivo al que se refieren.
  - *¿**Cuál** te gusta más? ¿La falda marrón o la roja?*
  - *¡Me encantan esos guantes!*
  - *¿**Cuáles**?*

! Antes de un sustantivo, normalmente no usamos **cuál/cuáles** sino **qué**.

- *¿**Qué** falda prefieres?*

2. QUÉ, QUIÉN, CUÁL...

Completa las preguntas con qué, quién/quiénes, cuál/cuáles.

1. ¿..................... es tu color favorito?
2. ¿..................... idioma te gusta más?
3. ¿..................... son tus ciudades preferidas?
4. ¿..................... son esos señores?
5. ¿..................... es el presidente de Perú?
6. ¿..................... hay para cenar hoy?

CÓMO, DÓNDE, CUÁNDO, CUÁNTO/A/OS/AS, POR QUÉ

- Para preguntar por el modo utilizamos **cómo**.
  - *¿**Cómo** se escribe vaca? ¿Con be o con uve?*
- Para preguntar por el lugar utilizamos **dónde**.
  - *¿**Dónde** vives?*
- Para preguntar por la cantidad utilizamos **cuánto**, **cuánta**, **cuántos** o **cuántas**. Concuerdan en género y número con el sustantivo al que se refieren.
  - *¿**Cuánto** dinero necesitas?*
  - *¿**Cuántas** personas viven aquí?*
- Para preguntar por el tiempo utilizamos **cuándo**.
  - *¿**Cuándo** llega el nuevo profesor?*
- Para preguntar por la razón utilizamos **por qué**.
  - *¿**Por qué** lloras?*

! Los interrogativos pueden usarse solos si está claro de qué hablamos:

- *¿Nos vemos el viernes por la noche?*
- *Vale... ¿**dónde**?* [= dónde nos vemos]

Los interrogativos van precedidos por una preposición cuando el elemento sobre el que se pregunta lleva esa preposición.

- *¿Para **qué** sirve ese programa?* [sirve para traducir textos]
- *¿De **qué** es esa camiseta?* [es de algodón]
- *¿Con **quién** sales esta noche?* [salgo con Tom]
- *¿Para **cuántas** personas preparo la cena?* [para doce]

3. ¿CÓMO LO PREGUNTAS?

Haz preguntas sobre el elemento subrayado, sin olvidar los signos de interrogación.

a. La casa de Enriqueta está en el centro. ....

b. Paco tiene cuatro hijos. ....

c. Manuela estudia Medicina. ....

d. Manuela estudia Medicina. ....

e. Los chicos quieren salir. ....

f. Marta y Bea vienen de Grecia. ....

g. Marta y Bea están de vacaciones en Grecia. ....

h. Los niños prefieren esta película. ....

4. ESTE BOLSO NO ES DE PIEL

Agrega la preposición si es necesario. Luego, une cada pregunta con la respuesta adecuada.

a. ¿...... qué es este bolso? ¿De piel?

b. ¿...... quién vives?

c. ¿...... cómo se dice *lápiz* en italiano?

d. ¿...... dónde eres?

e. ¿...... cuál es tu número de teléfono?

f. ¿...... qué días vas al gimnasio?

g. ¿...... quién es el paraguas?

h. ¿...... qué hora es el examen?

☐ 1. Con mi hermana.

☐ 2. Colombiano, de Cali.

☐ 3. Es de Nina.

☐ 4. A las diez y media.

☐ 5. No, es de plástico.

☐ 6. Los martes y viernes.

☐ 7. El 689 75 22 33.

☐ 8. Creo que se dice «matita».

5. ¿CUÁL ES TU ESCRITOR FAVORITO?

CD 53

Escucha las preguntas y coloca el número adecuado a cada respuesta.

☐ a. 80 euros.

☐ b. Dos: árabe y francés.

☐ c. La mediana.

☐ d. No, templado.

☐ e. Clark Gable.

☐ f. Leonor.

☐ g. Sí, de varios colores.

☐ h. Shakespeare.

☐ i. Voy al cine.

6. ¿DE QUÉ TRABAJAS?

Formula una pregunta adecuada para estas respuestas. En clase, compara tus preguntas con las de tus compañeros.

a. Yo soy periodista, y Emma, fotógrafa. ¿De qué trabajáis vosotros?
b. Cuatro: español, francés, árabe e italiano. ....
c. En una agencia de viajes. ....
d. Sí, dos: Verónica y Julián. ....
e. A una isla del Mediterráneo. ....
f. No, gracias. ....
g. La verde de manga corta. ....
h. Sí, es carolina@aula.com. ....

7. EL REPORTAJE

Imagina que puedes entrevistar a un personaje público. ¿A quién escoges? ¿Qué le preguntas? Prepara un cuestionario con diez preguntas.

ESTRATEGIA
Piensa en el tipo de respuesta que quieres obtener: ¿abierta o cerrada? ¿Cuál es el elemento desconocido? ¿El interrogativo varía en número y en género? ¿Aparece alguna preposición junto al interrogativo? Si piensas en las posibles respuestas, te resultará fácil formular correctamente la pregunta.

MUNDO PLURILINGÜE

Traduce las preguntas siguientes y el diálogo del dibujo a tu lengua. ¿Aparecen los mismos elementos?

a. ¿Óscar vive en Móstoles? ....
b. ¿Quién trae el vino? ....
c. ¿Dónde come Gema? ....
d. ¿De dónde viene Pablo? ....

e. ....
....

10. LOS PRONOMBRES PERSONALES

EN FUNCIÓN DE SUJETO

Los pronombres personales son palabras que se refieren a las diferentes personas gramaticales y que usamos para reemplazar a nombres referidos a personas o a objetos.

Pueden cumplir distintas funciones en una oración. En este nivel vemos los pronombres en función de sujeto, de Objeto Directo, y también los estudiamos en complementos preposicionales, con los verbos pronominales y en construcciones valorativas.

➔ Las formas de los pronombres personales en función de sujeto son:

1.ª PERSONA SINGULAR	**yo**	***Yo*** *soy de Alicante, ¿y tú?*
2.ª PERSONA SINGULAR	**tú**	*¿**Tú** también trabajas aquí?*
	usted	*¿Es **usted** el señor Gómez?*
3.ª PERSONA SINGULAR	**él, ella**	***Él*** *es peruano y **ella** cubana.*
1.ª PERSONA PLURAL	**nosotros/as**	***Nosotros*** *siempre viajamos en otoño.*
2.ª PERSONA PLURAL	**vosotros/as**	*¿Dónde vivís **vosotros**?*
	ustedes	***Ustedes*** *solo tienen que tomar nota.*
3.ª PERSONA PLURAL	**ellos, ellas**	***Ellas*** *estudian en esta academia.*

➔ Los pronombres personales en función de sujeto se refieren únicamente a personas, nunca a objetos.

- *Aquí tienes el nuevo diccionario de español.* ~~***Él***~~ *puede ser muy útil para tus clases.*

❗ Las formas femeninas del plural (**nosotras**, **vosotras**, **ellas**) solo se usan para referirse a un grupo de mujeres. Si hay, al menos, un hombre, se usan las formas del masculino.

➔ **Usted** y **ustedes** son las formas del tratamiento de respeto. Se usan en relaciones jerárquicas, con desconocidos de una cierta edad o con personas mayores en general. Son formas de segunda persona, pero tanto el verbo como los pronombres van en tercera persona.

- *¿Es **usted** la señora Serra?*
- *¿Están **ustedes** cansados?*

➔ En Hispanoamérica y en las islas Canarias no se usa la forma **vosotros**: la forma de segunda persona del plural es **ustedes** y el grado de formalidad se expresa con otros recursos.

En algunas zonas de Hispanoamérica, existe también **vos** como pronombre de 2.ª persona del singular.

- ***Vos*** *y yo tenemos que hablar.*

- *¿**Ustedes** también son colombianos?*
  - *Pues sí, de Bogotá.*

➔ En español, cuando sabemos quién es el sujeto por la forma del verbo, no es necesario utilizar los pronombres personales sujeto. Solo se utilizan cuando queremos resaltar una persona por oposición a otras o cuando su ausencia podría llevar a confusión.

- *Buenos días. **Ø** Me llamo Javier y **Ø** soy vuestro guía.*

- *¿**Nosotras** somos madrileñas... ¿y **vosotros**?*
  - ***Yo*** *soy de gallego, y **ellas**, andaluzas.*

1. CONVERSACIÓN EN EL BAR

Raúl habla con Lucía, una buena amiga. ¿Qué pronombres usa para hablar de estas personas?

1. Raúl habla de Lucía: tú
2. Raúl habla de de Lucía e Isabel: ....
3. Lucía habla de Antonio: ....
4. Lucía habla de Raúl, Mercedes, Sonia y Ana: ....
5. Raúl habla de Teresa: ....
6. Lucía habla de Lucía, Silvia y Pablo: ....
7. Lucía habla de Raúl: ....
8. Raúl habla de Teresa y Antonio: ....

2. ¿TÚ O USTED?

Decide qué pronombre usar con las siguientes personas. Luego completa los ejemplos con la forma adecuada del verbo entre paréntesis.

	TÚ	USTED	
1. Con un compañero de curso.	☐	☐	¿(tener) ☐ televisor?
3. Con el recepcionista de un hotel.	☐	☐	Perdón... ¿(hablar) ☐ inglés?
4. Con una niña pequeña.	☐	☐	¿Cuántos años (tener) ☐ ?
5. Con un señor de 60 años que no conoces.	☐	☐	¿(tener) ☐ hora, por favor?
6-Con una chica o un chico en un bar.	☐	☐	¿(estudiar) ☐ o (trabajar)?

MUNDO PLURILINGÜE

¿Existe en tu lengua una forma especial para el tratamiento formal? ¿Cuál? ¿En qué casos de los mencionados en el ejercicio 2 la usarías? Tradúcelas a tu lengua.

EN UN COMPLEMENTO PREPOSICIONAL

➔ Cuando el pronombre personal acompaña a una preposición, las formas de 1.ª y 2.ª persona del singular son **mí** y **ti**. Las demás no varían respecto a las formas en función de sujeto.

- *Ese paquete es para...* **mí** | **ti** / **usted** | **él, ella** | **nosotros/as** / **ustedes** | **vosotros/as** | **ellos, ellas**

! El pronombre **mí** se acentúa para diferenciarlo del posesivo **mi**.

- *¿Es para **mí**?* PERO • *¿Es para mi gato?*

! La preposición **con** combinada con los pronombres **mí** y **ti** da lugar a otra forma:

con + mí = **conmigo** con + ti = **contigo**

10. LOS PRONOMBRES PERSONALES

EN FUNCIÓN DE OBJETO DIRECTO

➔ El Objeto Directo es el elemento de la oración que recibe directamente la acción del sujeto.

- *Pierdo las llaves.*
- *Llevo a Mario a casa.*

➔ Las formas de los pronombres personales en un complemento de Objeto Directo son:

1.ª PERSONA SINGULAR	**me**	*¿**Me** llevas a casa?*
2.ª PERSONA SINGULAR	**te**	***Te** quiero.*
3.ª PERSONA SINGULAR	**lo/la**	*El pollo, **lo** como asado.* *La verdura, **la** como cruda.*
1.ª PERSONA PLURAL	**nos**	*Creo que **nos** siguen...*
2.ª PERSONA PLURAL	**os**	***Os** espero a las ocho.*
3.ª PERSONA PLURAL	**los/las**	*¿Dónde están mis llaves? ¡Siempre **las** pierdo!* *¿Dónde están mis documentos? ¡Siempre **los** pierdo!*

! Si el Objeto Directo corresponde a **usted/ustedes**, se usan las formas del pronombre de tercera persona (**lo/la/los/las**) de acuerdo con el género y el número del objeto.

- *Señora Sanz, **la** espero aquí mañana a las 9.00 h.*

ESTRATEGIA
Quizá a veces no entiendes todo lo que escuchas o lees, pero te puede ayudar fijarte en el contexto y en algunos elementos gramaticales como el género y el número de los pronombres.

3. PONGO LAS GALLETAS EN EL ARMARIO

CD 4-61

Coloca el número de la frase que has oído junto al objeto correspondiente. Los pronombres te ayudarán a comprender de qué hablan.

CON VERBOS PRONOMINALES

➔ En español existen una serie de verbos que se usan con los pronombres **me**, **te**, **se**, **nos**, **os**, **se**. Algunos de esos verbos tienen un significado reflexivo, es decir, el sujeto y el Objeto Directo del verbo son la misma persona (*lavar**se**, maquillar**se***, etc.); otros no (*reír**se**, caer**se**, divertir**se***).

➔ Las formas de los pronombres con verbos pronominales son:

1.ª PERSONA SINGULAR	**me**	***Me** llamo Alejandra.*
2.ª PERSONA SINGULAR	**te**	*¿Cómo **te** vistes para ir a trabajar?*
3.ª PERSONA SINGULAR	**se**	***Se** lava el pelo tres veces a la semana.*
1.ª PERSONA PLURAL	**nos**	***Nos** levantamos muy temprano.*
2.ª PERSONA PLURAL	**os**	*¿**Os** afeitáis todos los días?*
3.ª PERSONA PLURAL	**se**	*Los niños **se** divierten mucho en clase.*

! Con el Infinitivo, los pronombres van detrás del verbo formando una sola palabra: *llamar**se***.

! Si el Infinitivo se combina con un verbo conjugado, el pronombre se coloca detrás de este verbo, formando una sola palabra; o bien antes del verbo conjugado (el principal).

• *Suelo acostar**me** temprano.* [yo]	=	• ***Me** suelo acostar temprano.* [yo]
• *¿Quieres cortar**te** el pelo?* [tú]	=	• *¿**Te** quieres cortar el pelo?* [tú]

4. ¿A QUÉ HORA TE LEVANTAS?

Completa las frases con la forma adecuada de los siguientes verbos.

acostarse — divertirse — dedicarse — llamarse — lavarse — llamarse — levantarse — ducharse

1. ¿A qué hora *os levantáis* vosotras por la mañana?
2. Luis quiere .... a la política.
3. ¿ .... usted Carlota?
4. Mis hermanas .... Elisa y Marcia.
5. Necesitamos .... las manos. ¿Dónde está el baño?
6. (Yo) .... por las mañanas con agua fría.
7. Este lugar es muy aburrido, nadie .... aquí.
8. Mi marido y yo .... muy tarde, a las dos de la madrugada.

CONSTRUCCIONES VALORATIVAS

Existe un gran grupo de verbos que expresan gustos, intereses y opiniones respecto de cosas, personas y actividades (**gustar**, **parecer**, **apetecer**, **interesar**, etc.) y van acompañados siempre de estos pronombres.

1.ª PERSONA SINGULAR	me	***Me*** *aburre estudiar.*
2.ª PERSONA SINGULAR	te/le	*¿Qué* ***te*** *parece el nuevo profesor?*
3.ª PERSONA SINGULAR	le	*A Manuel* ***le*** *gustan mucho los perros.*
1.ª PERSONA PLURAL	nos	*No* ***nos*** *interesan los deportes.*
2.ª PERSONA PLURAL	os/les	*¿**Os** apetece un café?*
3.ª PERSONA PLURAL	les	*A mis padres no* ***les*** *molesta el ruido.*

Estos verbos se conjugan normalmente en 3.ª persona del singular (si la cosa, persona o actividad es un nombre en singular o un Infinitivo) o del del plural (si la cosa, persona o actividad es un nombre en plural).

- ***Me*** *gusta cocinar*
- *¿**Te** gustan los gatos?*
- *¿**Os** apetece un café?*
- *¿**Les** apetecen unas galletas?* [a ustedes]

5. ¡NOS GUSTA BAILAR!

A. Completa las frases siguientes con el pronombre adecuado (me, te, le, nos, os, les).

1. A nosotros no .... gusta mucho bailar.
2. ¿A ustedes .... interesa este tema?
3. A mis hijos .... encanta este parque.
4. ¿A Ana .... gusta el cine español?
5. ¿A vosotros no .... gusta vivir aquí?
6. A ti no .... interesa la política, pero a mí, sí.
7. ¿Tienes sed? ¿............... apetece un refresco?
8. A mí no, pero a los niños sí .... apetece beber algo.

B. ¿Cómo van estos verbos, en tercera persona del singular o del plural? Señala la forma adecuada.

1. ¿A Malena le **gusta/gustan** las películas españolas?
2. ¿A ustedes les **interesa/interesan** la arquitectura?
3. Tengo sed, me **apetece/apetecen** un refresco.
4. Creo que a los niños sí les **apetece/apetecen** unos refrescos.
5. A mis hijos les **encanta/encantan** bailar.
6. A nosotros no nos **gusta/gustan** demasiado los dulces.
7. A ti no te **interesa/interesan** la ciencia, pero a mí, sí.
8. ¿A vosotros no os **gusta/gustan** las fiestas?

11. LAS PREPOSICIONES

USOS DE LAS PREPOSICIONES

Las preposiciones son palabras que sirven para situar un elemento con relación a otro en el espacio, o en el tiempo o para situar un elemento de manera abstracta.

Una misma preposición puede tener diferentes usos y significados.

- *Vamos **a** tu casa.* [lugar]
- *Te espero **a** las ocho.* [tiempo]
- *Hemos venido **a** pie.* [modo]

Las preposiciones se pueden combinar con adverbios o sustantivos para formar locuciones preposicionales.

- *Quiero terminar **antes de** las seis y media.*
- *Mi casa está **cerca de** la catedral.*

Uso y significado de algunas preposiciones:

LUGAR: LOCALIZACIÓN Y MOVIMIENTO		
a	dirección del movimiento	*Vamos **a** Alicante.*
	distancia	*El pueblo está **a** 5 km.*
en	ubicación	*Chema está **en** la oficina.*
	medio de transporte	*Normalmente voy a trabajar **en** metro.*
		PERO ***a** pie*
entre	ubicación dentro de dos o más límites	*Raúl se sienta **entre** Lucía y Bárbara.*
de	prodecencia	*¿Venís **del** centro?**
	cerca + **de**	*¡Vives **cerca de** mi casa!*
desde	punto de partida	*Hemos venido a pie **desde** la estación.*
hasta	punto de llegada	*Tenemos que seguir por esta calle **hasta** la parada del autobús.*
por	movimiento dentro de o a través de un espacio	*Voy a dar un paseo **por** el bosque.*

! * a + el = **al**   de + el = **del**

TIEMPO		
a	+ hora	*Te espero aquí mañana **a** las siete.*
por	+ parte del día	*Me gusta hacer deporte **por** las mañanas.*
de	+ día / noche	*Mi calle es muy ruidosa **de** día.*
	antes / **después** + **de**	*Siempre me ducho **antes de** acostarme.*
		*Los lunes **después de** clase voy a tenis.*
desde	+ inicio de una acción	*Trabajo aquí **desde** 1999.*
en	+ mes / estación / año	*Prefiero ir de vacaciones **en** primavera.*

OTROS USOS

a	modo	• *¿Tu jersey se lava **a** mano o **a** máquina?*
	+ OD de persona	• *¿Quieres más **a** mamá o **a** papá?*
con	compañía	• *¿Quieres venir al cine **con** nosotros?*
	acompañamiento	• *¿Me pone un bistec **con** patatas fritas?*
	instrumento	• *Cierra **con** llave, por favor.*
sin	ausencia de compañía	• *¿La niña viaja **sin** sus padres?*
	ausencia de acompañamiento	• *Quiero un bistec **sin** patatas.*
de	materia	• *Esta maleta es **de** cuero.*
	posesión	• *¿De qué color es el coche **de** Liliana?*
por	causa, motivo	• *Viaja bastante a Japón **por** trabajo.*
para	objetivo	• *Estudio español para trabajar **en** México.*
	destinatario	• *¡Felicidades! Esto es **para** ti.*

1. ¿CÓMO LO PREFIERES?

A. Completa las preguntas con la preposición o locución preposicional adecuada y contesta con información personal.

a | de | con | sin | en | antes de | para | por | después de

1. El té, ¿....... leche o .... limón? Yo prefiero el té con limón.
2. Las zapatillas, ¿........ tela o .... cuero? ....
3. Viajar, ¿solo,........ tu familia o .... tus amigos? ....
4. Los abrigos, ¿........ lana o .... piel? ....
5. Las vacaciones,........ primavera,........ verano, ... otoño o .... invierno? ....
6. Nadar, ¿........ el mar o .... una piscina? ....
7. Ducharse, ¿............... ir a la cama o .... levantarte? ....
8. Casarse, ¿........ amor o........ dinero? ....
9. Un viaje de 11 horas, ¿........ día o .... noche? ....
10. Un viaje de 11 horas, ¿........ autobús o .... tren? ....
11. Una fiesta de cumpleaños, ¿........ tus padres o .... ellos? ....
12. Las patatas fritas, ¿........ mayonesa o .... kétchup? ¿....... las manos o .... tenedor? ....
13. Hacer deporte, ¿........ la mañana o .... la noche? ....

B. Piensa cuatro preguntas más y, en clase, házselas a tus compañeros.

2. LA VIDA DE VIDAL Y VIRIDIANA

Vidal y Viridiana viven juntos pero tienen costumbres muy diferentes. Completa las frases con las palabras de las etiquetas. Escribe del o al, si es necesario, y tacha el artículo.

en | a | de | por | con | desde | hasta | para

1. Vidal es español, ...de... Córdoba; Viridiana es colombiana, ... Medellín.
2. Vidal sale .... casa a las ocho; Viridiana a esa hora está .... la cama.
3. Vidal se ducha antes .... desayunar; Viridiana, después .... tomar un té.
4. .... la mañana, Vidal trabaja .... una librería; Viridiana estudia .... la universidad.
5. Vidal va .... el trabajo .... autobús; Viridiana va .... la universidad .... pie.
6. .... la tarde Vidal va .... la universidad. Viridiana normalmente va .... casa .... una amiga y estudian juntas.
7. .... ganar un poco de dinero, Viridiana trabaja los fines de semana .... un cine; Vidal aprovecha los fines de semana ....estudiar.
8. Cuando quiere hacer deporte, Vidal corre ....el parque; .... estar en forma, Viridiana va .... un gimnasio.
9. Pero, ¡un momento! Tienen una cosa en común: los dos usan gafas .... metal.

3. UN VIAJE POR LOS ANDES

A. Esta es la propuesta de una agencia de viajes para un recorrido por los Andes. Completa el texto con las preposiciones: a/al, de/del, en, desde, hasta, para, por, con.

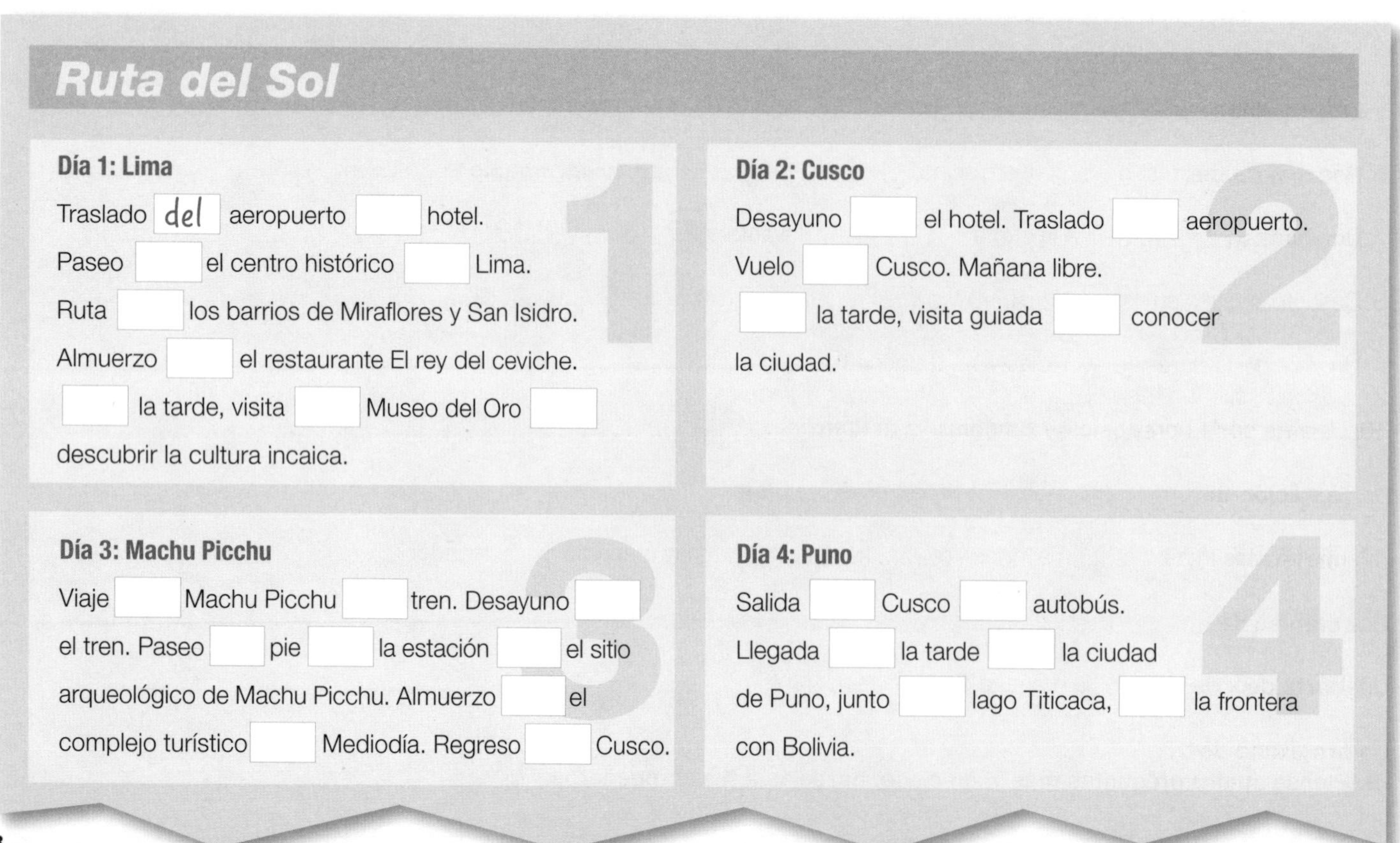

Ruta del Sol

Día 1: Lima

Traslado del aeropuerto ____ hotel.
Paseo ____ el centro histórico ____ Lima.
Ruta ____ los barrios de Miraflores y San Isidro.
Almuerzo ____ el restaurante El rey del ceviche.
____ la tarde, visita ____ Museo del Oro ____ descubrir la cultura incaica.

Día 2: Cusco

Desayuno ____ el hotel. Traslado ____ aeropuerto.
Vuelo ____ Cusco. Mañana libre.
____ la tarde, visita guiada ____ conocer la ciudad.

Día 3: Machu Picchu

Viaje ____ Machu Picchu ____ tren. Desayuno ____ el tren. Paseo ____ pie ____ la estación ____ el sitio arqueológico de Machu Picchu. Almuerzo ____ el complejo turístico ____ Mediodía. Regreso ____ Cusco.

Día 4: Puno

Salida ____ Cusco ____ autobús.
Llegada ____ la tarde ____ la ciudad de Puno, junto ____ lago Titicaca, ____ la frontera con Bolivia.

Día 5: Titicaca-Sillustani

Visita [ ] lancha [ ] la isla [ ] los Uros, descendientes de uno de los más antiguos pueblos [ ] América.
[ ] la tarde, recorrido [ ] la zona arqueológica de Sillustani, [ ] 34 km [ ] Puno, [ ] ver las *chullpas*, famosos monumentos funerarios de los Collas.

Día 6: La Paz

Salida [ ] hotel [ ] las 6.30 h (hora [ ] Perú). Viaje [ ] autobús [ ] Puno [ ] la ciudad de La Paz (Bolivia) [ ] un guía especializado.
Paseo [ ] catamarán [ ] el lago Titicaca y excursión [ ] la Isla del Sol. Llegada [ ] hotel [ ] las 18.30 h (hora [ ] Bolivia). Noche libre.

Día 7: La Paz

[ ] la mañana, recorrido [ ] la ciudad y visita [ ] museo al aire libre de la cultura Tiwanaku.
[ ] la tarde, excursión [ ] Valle de la Luna.

Día 8: La Paz-Lima

Desayuno [ ] el hotel.
Traslado [ ] aeropuerto.

¡Ven a los Andes!

MUNDO PLURILINGÜE

Observa cómo se dicen estas cosas en español: en todas usamos la preposición de. Tradúcelas a tu lengua. ¿Usas una preposición en todas? ¿Es la misma preposición?

Una **estación de** trenes ....
Una **maleta de** piel ....
Una **camisa de** rayas ....
Una **tarta de** manzana ....
Un **programa de** televisión ....
F **de** Francia ....

4. ESTACIÓN DE TREN

Haz series con la preposición de como la del ejemplo.

Una **estación de** tren, de autobuses, de metro...

Una **maleta de** ....

Una **camisa de** ....

Una **tarta de** ....

Un **programa de** ....

12. PRESENTE DE INDICATIVO

ELEMENTOS DE UN VERBO

En un verbo se pueden distinguir tres elementos: la raíz (que resulta de quitar al Infinitivo la terminación **-ar**/**-er** /**-ir**), la vocal temática (**a**, **e**, **i**) y la terminación.

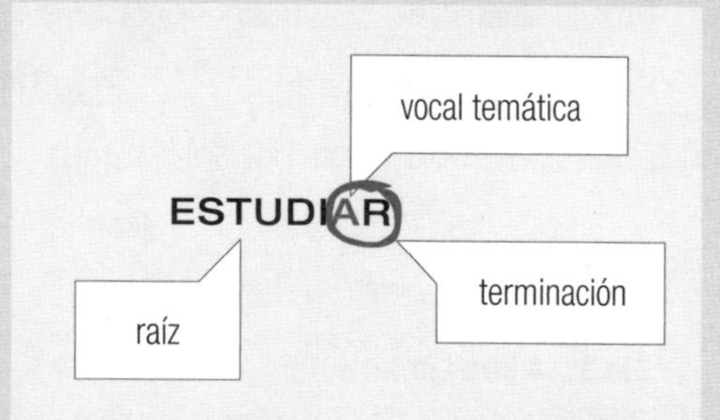

- En español hay tres conjugaciones, que se distinguen por la vocal temática: **a**, para la primera conjugación (cant**a**r); **e**, para la segunda (beb**e**r); e **i** para la tercera (re**í**r). Las formas de los verbos de segunda y tercera conjugación son muy similares, y la mayoría de los verbos irregulares pertenece a estos grupos.
- La terminación da la información referente al modo (Indicativo, Subjuntivo...), tiempo (Presente, Pretérito...), persona (primera, segunda o tercera) y número (singular o plural).

USOS DEL PRESENTE DE INDICATIVO

Usamos el Presente de Indicativo:

- Para hacer afirmaciones atemporales, hablar de verdades generales.
  - *El año **tiene** doce meses.*
- Para hablar de hábitos o de acciones que se repiten regularmente.
  - ***Como** tres veces al día.*
- Para dar instrucciones.
  - ***Pelas** las patatas y las **cortas** en rodajas finas....*
- Para hablar de intenciones.
  - *Mañana te **llamo**.*
- Para hablar del presente cronológico, es decir, de cosas que son ciertas en el momento actual.
  - ***Soy** analista de sistemas.*
- Para relatar, normalmente por escrito, en presente histórico.
  - *En 1914 **comienza** la Primera Guerra Mundial.*
- Para pedir cosas y acciones, en preguntas.
  - *¿Me **dejas** tu periódico?*
- Para formular hipótesis sobre el presente y el futuro.
  - *Si mañana **tengo** tiempo, te escribo un mensaje.*

CONJUGACIÓN DE VERBOS REGULARES

	VIAJ**AR**	CRE**ER**	ESCRIB**IR**
(YO)	**viajo**	**creo**	**escribo**
(TÚ)	**viajas**	**crees**	**escribes**
(ÉL/ELLA/USTED)	**viaja**	**cree**	**escribe**
(NOSOTROS/NOSOTRAS)	**viajamos**	**creemos**	**escribimos**
(VOSOTROS/VOSOTRAS)	**viajáis**	**creéis**	**escribís**
(ELLOS/ELLAS/USTEDES)	**viajan**	**creen**	**escriben**

← La 1.ª persona del singular es igual en las tres conjugaciones.

! La 2.ª y 3.ª conjugación solo varían en la 1.ª y 2.ª persona del plural (nosotros y vosotros).

! Los verbos en Presente de Indicativo se pronuncian con el acento en la penúltima sílaba, excepto en la segunda persona del plural: *vosostros viajáis, creéis, escribís*.

1. SOY LUIS

A. Completa con las terminaciones adecuadas.

1

Me llam...... Luis y teng...... 23 años. Estudi...... marketing y trabaj...... como recepcionista en un hotel. Mi novia se llam...... Maite y tien...... 25 años. Es ingeniera y trabaj...... en una empresa multinacional. Los dos viv...... en Sevilla, pero somos de Madrid; nuestras familias viv...... allí.

2

Quito, la capital de Ecuador, es la segunda ciudad más poblada del país: más de dos millones de personas viv...... allí. Sus habitantes se llam...... quiteños. Quito se encuentr...... en un valle entre montañas y volcanes y solo tien...... dos estaciones: verano e invierno. En invierno llueve mucho. La línea del Ecuador pas..... muy cerca de la ciudad.

3

En mi casa todos nos levant...... muy temprano porque viv...... lejos del centro. Desayun....... juntos pero no sal..... de casa a la misma hora. Mis padres llev...... a la escuela a Romina, la más pequeña, y cog...... el tren: trabaj...... en el centro. Mi hermano y yo ten...... más tiempo porque estudi...... en nuestro barrio. Yo salg..... de clase a las dos y prepar...... la comida para los tres. Luego estudi....... , visit....... a mis amigos o naveg....... un rato por internet. Mis padres lleg...... tarde y normalmente cen...... todos juntos.

B. Ahora escucha y comprueba tus respuestas.

CD 2-64

2. ¿YO, TÚ, ÉL?

CD 65

Escucha las seis frases y anota los verbos que dicen en la columna correspondiente.

	YO	TÚ	EL/ELLA/USTED	NOSOTROS/NOSOTRAS	VOSOTROS/VOSOTRAS	ELLOS/ELLAS/USTEDES
1.						
2.						
3.						
4.						
5.						
6.						

3. COSAS EN COMÚN

Lee las fichas de estas personas. ¿Tienen algo en común? Completa las frases con la información que tienes.

Araceli

Nacionalidad: uruguaya
Edad: 28 años
Idiomas: español, portugués, italiano
Profesión: diseñadora gráfica

Dimitra

Nacionalidad: griega
Edad: 37 años
Idiomas: griego, inglés, español, alemán
Profesión: guía turística

João

Nacionalidad: brasileña
Edad: 28 años
Idiomas: portugués, inglés, español
Profesión: guía turístico

Diego

Nacionalidad: uruguayo
Edad: 30 años
Idiomas: español, inglés, francés
Profesión: taxista

1. Dimitra ...habla... griego. João, Dimitra y Diego ...hablan... inglés.
2. João .... brasileño. Diego y Araceli ....
3. Araceli .... diseñadora. João y Dimitra ....
4. Diego .... 30 años. Araceli y João ....
5. Araceli no .... inglés, pero es la única que ....
6. Todos ellos ....

IRREGULARIDADES

La mayor parte de los verbos irregulares se pueden clasificar en unos pocos grandes grupos.

➔ Transformación de vocales.

▶ **e ➔ ie** y **o ➔ ue**
Muchos verbos de las tres conjugaciones presentan esta irregularidad en el Presente de Indicativo.

	QUERER	CONTAR	
(YO)	**quiero**	**cuento**	
(TÚ)	**quieres**	**cuentas**	
(EL/ELLA/USTED)	**quiere**	**cuenta**	
(NOSOTROS/NOSOTRAS)	**queremos**	**contamos**	← No afecta a la 1.ª y 2.ª persona del plural.
(VOSOTROS/VOSOTRAS)	**queréis**	**contáis**	
(ELLOS/ELLAS/USTEDES)	**quieren**	**cuentan**	

! La **u** del verbo **jugar** también se transforma en **ue**: *juego, juegas, juega, jugamos, jugáis, juegan.*

▶ **e ➔ i**
El cambio de **e** por **i** se produce en muchos verbos de la tercera conjugación que tienen una **-e** como última vocal de la raíz, como **repetir**

	REPETIR	
(YO)	**repito**	
(TÚ)	**repites**	
(EL/ELLA/USTED)	**repite**	
(NOSOTROS/NOSOTRAS)	**repetimos**	← No afecta a la 1.ª y 2.ª persona del plural.
(VOSOTROS/VOSOTRAS)	**repetís**	
(ELLOS/ELLAS/USTEDES)	**repiten**	

➔ Transformación de consonantes.

▶ Se añade **g** en la primera persona del singular (yo).
Existe un grupo de verbos que añaden una **g** antes de **-o** en la primera persona del singular.

poner ➔ **pongo** salir ➔ **salgo** venir ➔ **vengo**

! Esta irregularidad puede aparecer sola, como en **salir**, o en combinación con un cambio **e ➔ ie** en las otras personas.

tener ➔ tengo, tienes, tiene, tenemos, tenéis, tienen
venir ➔ vengo, vienes, viene, venimos, venís, vienen

▶ En la primera persona del singular (yo), **c** se transforma en **zc**. Esto ocurre, salvo alguna excepción (***hacer, cocer***), con los verbos terminados en **-acer**/**-ecer**/**-ocer**/**-ucir**.

nacer ➔ **nazco** parecer ➔ **parezco** conocer ➔ **conozco** traducir ➔ **traduzco**

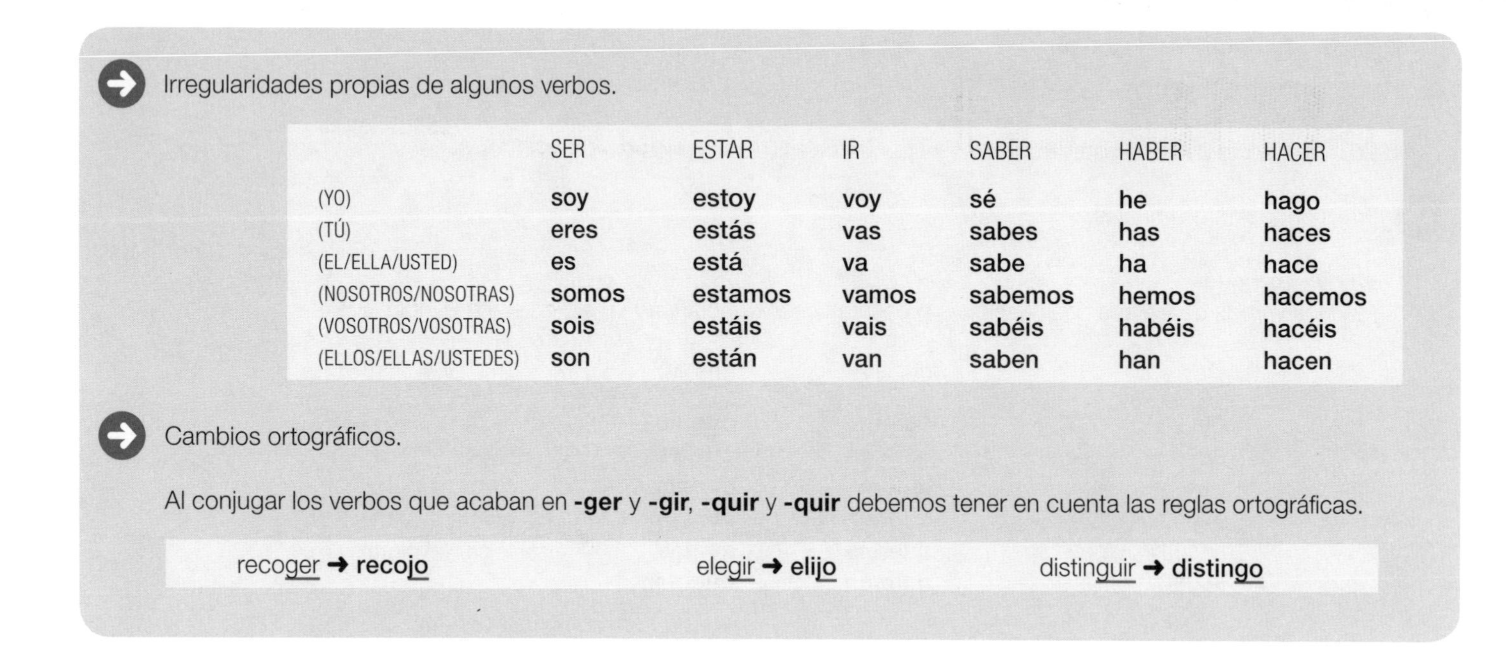

➔ Irregularidades propias de algunos verbos.

	SER	ESTAR	IR	SABER	HABER	HACER
(YO)	**soy**	**estoy**	**voy**	**sé**	**he**	**hago**
(TÚ)	**eres**	**estás**	**vas**	**sabes**	**has**	**haces**
(EL/ELLA/USTED)	**es**	**está**	**va**	**sabe**	**ha**	**hace**
(NOSOTROS/NOSOTRAS)	**somos**	**estamos**	**vamos**	**sabemos**	**hemos**	**hacemos**
(VOSOTROS/VOSOTRAS)	**sois**	**estáis**	**vais**	**sabéis**	**habéis**	**hacéis**
(ELLOS/ELLAS/USTEDES)	**son**	**están**	**van**	**saben**	**han**	**hacen**

➔ Cambios ortográficos.

Al conjugar los verbos que acaban en **-ger** y **-gir**, **-quir** y **-quir** debemos tener en cuenta las reglas ortográficas.

recoger ➔ **recojo** elegir ➔ **elijo** distinguir ➔ **distingo**

4. PROBLEMAS CON LOS IRREGULARES

A. Jenny tiene algunos problemas con los verbos irregulares. ¿Puedes ayudarla? Corrige las formas equivocadas.

Eliminar | Imprimir | Responder | Reenviar

Para: silviedu@difusion.com

Asunto: México lindo y queridooo...

Queridos Silvia y Eduardo:

¿Cómo estáis? Yo estoy muy bien, pero quero ________ volver pronto a México. El problema es que ahora no puedo: mi jefe dece ________ que ya está bien de viajes, que teno ________ que quedarme en las oficinas de Londres. ¡Grrrr! Pero yo penso ________ visitaros otra vez en las vacaciones de verano. ¿Tienéis ________ planes ya, o puedemos ________ ir juntos a Cancún? El lunes empezo ________ otro curso de español porque aunque entiendo casi todo todavía no hablo bien, y siempre traduzo ________ directamente del inglés y claro... un desastre. Lo que más me costa ________ son los verbos: nunca sabo ________ cuáles son regulares y cuáles no.

¡Ah! Ahora teno ________ otro horario en el trabajo: entro a las 14 h y salo ________ a las 20 h, así que me despierto y me acosto ________ más tarde y hazo ________ gimnasia por las mañanas.

¡Ah! No está mal, ¿no? :-) Bueno, espero vuestras noticias pronto.

¡Un abrazo!

Jenny

B. Completa esta tabla con los verbos que has corregido. Si encuentras otros irregulares en el apartado **A**, añádelos.

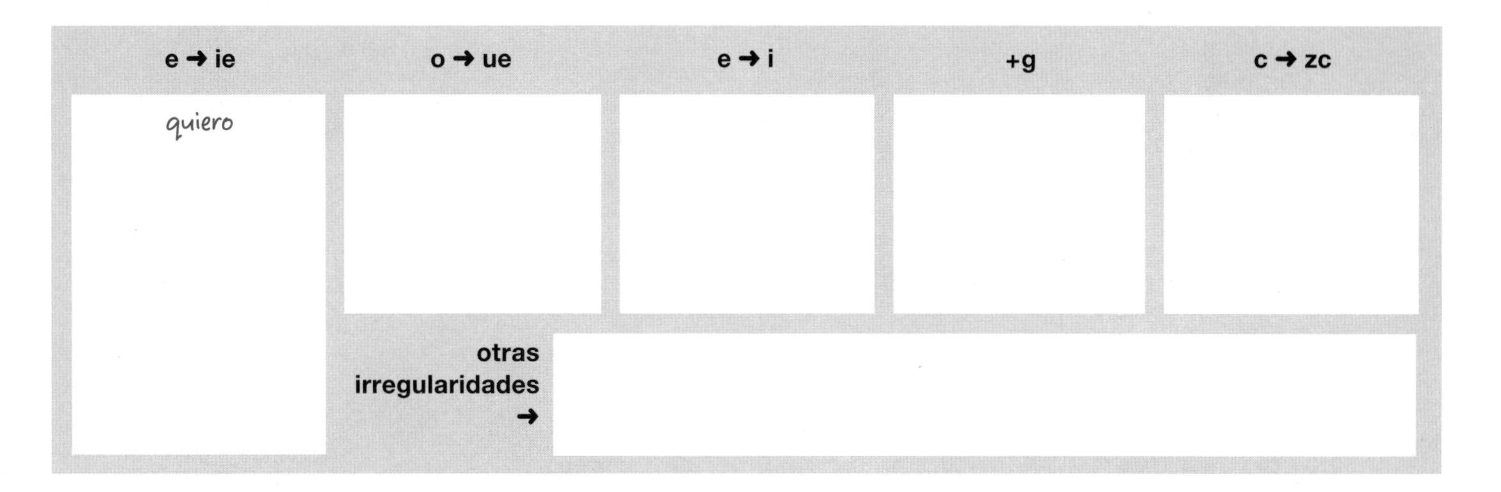

e → ie	o → ue	e → i	+g	c → zc
quiero				
	otras irregularidades →			

5. ¿QUÉ HACES ESTA SEMANA?

A. Elige el verbo adecuado y conjúgalo en la forma correcta con los verbos de las etiquetas.

1. ¿QUÉ SABES DE NICARAGUA?

Nicaragua ______ en Centroamérica. ______ 1 400 millones de habitantes. Los nicaragüenses ______ español. La moneda ______ el Córdoba.

hablar · estar · ser · tener

2. ¿CUÁL ES LA RECETA DEL GUACAMOLE?

______ los aguacates y ______ los tomates, la cebolla y los chiles. ______ todo bien. Cuando ______ una pasta suave, ______ sal y pimienta.

Si está ácido, ______ poner un poquito de azúcar.

añadir · poder · mezclar · picar · tener · cortar

3. ¿CÓMO ES TU DÍA A DÍA?

Tengo una vida muy regular: siempre ______ a las 7.30 h, ______, ______ de casa y ______ en una cafetería cerca de la oficina con mis compañeros. ______ de 9 a 17 h, de lunes a viernes. Los martes y viernes ______ al gimnasio y los lunes y jueves ______ clase de alemán. Los sábados, por lo general, ______ al tenis con mi marido.

tener · ir · trabajar · jugar · ducharse · salir · desayunar · levantarse

4. ¿QUÉ HACES ESTA SEMANA?

______ todos los días hasta las seis y media. El lunes y el miércoles ______ al cursillo cuando ______ de trabajar; el martes ______ al fútbol y el jueves ______ teatro.

¿Tú ______ quedar el viernes por la tarde?

trabajar · salir · poder · jugar · tener · ir

B. Elige entre la pregunta tres o cuatro del apartado **A** y escribe un texto similar con información personal.

13. EL INFINITIVO

EL INFINITIVO

Las formas no personales del verbo no se conjugan. En español son tres: el **Infinitivo**, el **Participio** y el **Gerundio**. En este nivel vamos a ver el **Infinitivo**.

➔ El **Infinitivo** es la forma básica del verbo: *hablar, aprender, comer, salir...*

➔ Todos los infinitivos acaban en una de estas tres terminaciones:

-ar	habl**ar**, cant**ar**
-er	beb**er**, com**er**
-ir	escrib**ir**, sal**ir**

La raíz de un verbo es el Infinitivo sin su terminación: **habl**ar, **beb**er, **escrib**ir.

➔ El Infinitivo funciona como un sustantivo y, como cualquier sustantivo, puede tener diferentes funciones en una oración. Algunas de ellas son:

▶ Actuar como sujeto.

- ***Fumar*** *provoca cáncer.* [sujeto]
- *Me gusta* ***ir*** *al cine.* [sujeto]

▶ Hacer función de **Objeto Directo**.

- *¡Odio* ***comer*** *espinacas!* [Objeto Directo]
- *Siento* ***llegar*** *tarde.* [Objeto Directo]

▶ Expresar una finalidad, después de la preposición **para**.

- *Estas Navidades vamos a Chile para* ***visitar*** *el Parque Nacional de Las Torres del Paine.*
- *Los mexicanos usan los chiles para* ***preparar*** *muchos platos típicos.*
- *Necesito unas gafas para* ***nadar****.*

1. ¿-AR, -ER O -IR?

A. Fíjate en estos verbos. ¿Puedes escribir su Infinitivo en la columna correspondiente?

cocinas · cantamos · escriben · voy · colecciona · vive · trabajamos · juego · veis · salgo · leéis · te llamas · son

VERBOS CON INFINITIVO EN **-AR**	VERBOS CON INFINITIVO EN **-ER**	VERBOS CON INFINITIVO EN **-IR**

B. Ahora escoge ocho verbos del apartado **A** y escribe una frase con cada uno de ellos.

1. ¿Tú cocinas todos los días?

ESTRATEGIA
Si escribes ejemplos, piensa en frases relacionadas contigo o que tienen algo especial (por ejemplo, una broma). Así las recordarás más fácilmente.

2. UN RELOJ DE PULSERA SIRVE PARA...

¿Recuerdas el nombre de estas cosas? ¿Para qué se utilizan? Contesta como en el ejemplo.

1. El teléfono se usa para hablar con los que están lejos. ....
2. ....
3. BANK PISA 8877 0032 4561 ROBERTO PEREZ ....
4. 2009 ....
5. ....
6. ....
7. ....
8. ....

QUERER / SABER / TENER QUE / PODER + INFINITIVO

Con **querer** + **Infinitivo** expresamos un deseo.

- *¿Qué **quieres hacer** esta tarde?*
- *No sé, nada especial.*
- *Pues yo **quiero ver** la película de Álex de la Iglesia, ¿vamos al cine?*

El verbo **querer** es irregular.

quiero	queremos
quieres	queréis
quiere	quieren

Saber + **Infinitivo** se utiliza para para hablar de habilidades.

- *¿**Sabes** conducir?*
- *Sí, pero no tengo carné.*

El verbo **saber** es irregular en la primera persona del singular.

sé	sabemos
sabes	sabéis
sabe	saben

Tener que + **Infinitivo** se utiliza para expresar necesidad u obligación.

- *¿Vienes a la fiesta de Paz?*
- *No puedo, **tengo que estudiar**.*
- *Si quieres ser miembro del club, **tienes que pagar** 40 euros al mes.*

El verbo **tener** es irregular.

tengo	tenemos
tienes	tenéis
tiene	tienen

Para expresar la posibilidad o la disponibilidad para hacer algo usamos **poder + Infinitivo**.

- *¿**Puedes ver** la televisión italiana desde tu casa?*
- *Si estás cansado, **puedo conducir** un rato.*

El verbo **poder** es irregular.

puedo	podemos
puedes	podéis
puede	pueden

! Al contrario que en otras lenguas, **poder + Infinitivo** no expresa una habilidad.

3. QUERER ES PODER

Completa la tabla con los verbos tener, querer, saber y poder en la forma adecuada.

DESEOS

1. A Pedro le encantan las lenguas: ahora ________ aprender ruso.
2. ¿Qué (vosotras) ________ hacer este verano?

POSIBILIDAD O DISPONIBILIDAD

1. No ________ ir esta noche a tu fiesta. Lo siento.
2. Fer, ¿ ________ esperar un momento, por favor?

OBLIGACIONES

1. Hoy no puedes salir: ________ quedarte en casa.
2. ¿Mario ________ trabajar hoy? ¡Si es domingo!

HABILIDADES

1. ¿Tú ________ bailar tango? ¡Qué sorpresa!
2. Yo no ________ esquiar, pero me gusta mucho la nieve.

4. LA APRETADA AGENDA DE ESTEBAN

CD 66

A. Esteban es una persona muy ocupada. Escucha la conversación con su amigo Paula y anota en la agenda qué cosas tiene que hacer y cuándo.

FEBRERO

	LUNES 11	MARTES 12	MIÉRCOLES 13	JUEVES 14	VIERNES 15	SÁBADO 16	DOMINGO 17
MAÑANA	Comer con su hermano						
TARDE							
NOCHE							

B. Ahora escribe qué tiene que hacer Esteban cada día:

LUNES: El lunes a mediodía tiene que trabajar. Por la noche...

MARTES:

MIÉRCOLES:

JUEVES:

VIERNES:

SÁBADO Y DOMINGO:

14. EL PRETÉRITO PERFECTO

FORMACIÓN DEL PRETÉRITO PERFECTO

El Pretérito Perfecto es un tiempo compuesto. Se construye con el Presente de Indicativo del verbo **haber** (verbo auxiliar) más el **Participio** del verbo en cuestión.

	PRESENTE DE INDICATIVO DE **HABER**	+	PARTICIPIO
(YO)	**he**		
(TÚ)	**has**		**cantado**
(ÉL/ELLA/USTED)	**ha**		**comido**
(NOSOTROS/NOSOTRAS)	**hemos**		**salido**
(VOSOTROS/VOSOTRAS)	**habéis**		
(ELLOS/ELLAS/USTEDES)	**han**		

El Participio es invariable y se forma añadiendo **-ado** a la raíz de los verbos de la primera conjugación (**-ar**), y añadiendo **-ido** a la raíz de los verbos de la segunda y de la tercera conjugación (**-er**/**-ir**).

TERMINADOS EN **-AR**	TERMINADOS EN **-ER**	TERMINADOS EN **-IR**
encontrar ➜ encontr**ado**	vender ➜ vend**ido**	dormir ➜ dorm**ido**
hablar ➜ habl**ado**	ser ➜ s**ido**	ir ➜ **ido**

El Pretérito Perfecto se puede usar, por ejemplo, para hablar de acontecimientos acabados antes del momento presente. Se usa cuando no queremos o no podemos situar ese acontecimiento en un momento determinado. En este caso, puede estar acompañado de marcadores como **siempre**, **nunca**, **una vez**, **alguna vez**, **algunas veces**, **ya**, **todavía no**.

- *¿**Habéis estado** (alguna vez) en Santiago?*
- *Sí, **he ido** tres veces, es una ciudad que me encanta.*
- *Yo no **he estado** nunca...*

- *¿Todavía no **has acabado** el informe?*
- *Lo siento, **he tenido** un problema.*

Algunos participios son irregulares. Estos son algunos de los más frecuentes:

hacer	➜ **hecho**	escribir	➜ **escrito**
decir	➜ **dicho**	morir	➜ **muerto**
ver	➜ **visto**	imprimir	➜ **impreso** (o **imprimido**)
volver	➜ **vuelto**	abrir	➜ **abierto**
poner	➜ **puesto**	freir	➜ **frito** (o **freído**)
romper	➜ **roto**	deshacer	➜ **deshecho**

Y los compuestos con estos verbos.

1. ¡HEMOS GANADO!

A. Escribe estos verbos en Pretérito Perfecto, con la persona indicada:

1. ganar (él) ...ha ganado...
2. opinar (ellos) ....
3. vender (usted) ....
4. hablar (nosotros) ....
5. subir (vosotros) ....
6. casarse (tú) ....
7. sentirse (yo) ....
8. terminar (nosotros) ....
9. encontrar (ella) ....
10. llegar (tú) ....
11. enviar (usted) ....
12. acabar (ustedes) ....
13. ser (ellos) ....
14. dormir (yo) ....
15. divorciarse (tú) ....
16. esquiar (él) ....
17. comer (yo) ....
18. responder (usted) ....

B. Completa las siguientes frases con verbos del apartado anterior, conjugados en la persona indicada.

1. ¿No ...habéis subido... nunca a un barco? ¡No me lo puedo creer! A vosotros os encanta el mar.
2. Hoy .... solo en un restaurante de la playa, donde preparan un gazpacho que me gusta mucho. Luego .... una siesta larguísima.
3. Quiero ir a la nieve con mi novio: nunca ...., pero dice que tiene muchas ganas de aprender.
4. Esta semana .... de trabajar todos los días a las diez de la noche.
5. Hasta ahora, solamente un español .... el premio Nobel de Medicina.
6. Te .... tres veces, y te .... también tres veces. ¿Por qué te casas otra vez?
7. Martínez, ¿todavía no .... el correo electrónico del cliente de Singapur? Tiene que hacerlo hoy.

2. ENTRE AMIGOS

A. Relaciona las preguntas y las respuestas de unos amigos que se encuentran y hablan de sus vidas. Pon el verbo de las respuestas en la forma correcta.

1. María, ¿es verdad que le **has vendido** tu casa a Pedro? ☐
2. ¿Tu hermano **ha acabado** la universidad? ☐
3. Nunca **hemos estado** en este restaurante, ¿verdad? ☐
4. ¿**Habéis leído** algún libro de Isabel Allende? ☐

a. ¿Vendido? No, no es verdad. Yo solamente (alquilar) .... mi casa, pero no a Pedro.

b. ¡Claro que sí! Es que no tienes memoria. Tú ya (comer) .... aquí una o dos veces conmigo.

c. Yo no, pero mi marido (leer) .... varios y dice que son buenísimos.

d. Sí, está muy contento. Además, (encontrar) .... un trabajo fantástico.

3. EXPERIENCIAS VIVIDAS

Completa los espacios vacíos con la forma adecuada de los verbos.

ver | componer | decir | freír | hacer | poner | romper

1. Manuela es una persona muy honesta: creo que nunca en su vida .... una mentira.
2. Sandra no sabe cocinar, no .... nunca un huevo.
3. Marcos es un desastre, ha dejado caer la cámara de fotos y la ....
4. Martina es muy despistada, nunca sabe dónde .... las cosas.
5. A Marcial le encanta el cine de Médem: .... todas sus películas.
6. Merche ha estado en Cabo Verde y .... unas fotos preciosas.
7. Marcelo es músico: .... varias canciones para un grupo de su ciudad.

MUNDO PLURILINGÜE

Traduce estos tres diálogos a tu lengua. ¿Existe un tiempo compuesto equivalente al Pretérito Perfecto para hablar del pasado? ¿Tienes que usar tiempos verbales distintos en las diferentes frases?

1. • Últimamente no os he visto mucho por aquí, ¿habéis estado de vacaciones?
   ○ Sí, hemos estado dos meses en el pueblo de mi madre.

   ....

   ....

2. • Siempre he querido saltar con paracaídas. Es mi sueño. ¿Tú lo has hecho?
   ○ Pues sí. He saltado dos veces, cerca de mi casa hay un club de paracaidismo.

   ....

   ....

3.

....

....

15. PRETÉRITO INDEFINIDO

FORMACIÓN Y USOS DEL PRETÉRITO INDEFINIDO

➔ El Pretérito Indefinido se utiliza para narrar hechos acabados en el pasado.

➔ Se forma agregando a la raíz del verbo las siguientes terminaciones:

	ENCONTR**AR**	COM**ER**	SAL**IR**
(YO)	encontr**é**	com**í**	sal**í**
(TÚ)	encontr**aste**	com**iste**	sal**iste**
(EL/ELLA/USTED)	encontr**ó**	com**ió**	sal**ió**
(NOSOTROS/NOSOTRAS)	encontr**amos**	com**imos**	sal**imos**
(VOSOTROS/VOSOTRAS)	encontr**asteis**	com**isteis**	sal**isteis**
(ELLOS/ELLAS/USTEDES)	encontr**aron**	com**ieron**	sal**ieron**

! En las formas regulares, el acento está siempre en la vocal temática. Muchas veces el acento es lo único que diferencia el Pretérito Indefinido de otras formas verbales:

(yo) **hablo** [1.ª pers. sing. del Presente]	≠	(él/ella/usted) **habló** [3.ª pers. sing. del Pretérito Indefinido]

! En los verbos de la segunda y de la tercera conjugación, cuando la raíz termina en vocal, las terminaciones de tercera persona **-ió** y **-ieron** se transforman en **-yó** y **-yeron**:

leer	➔	le**yó**, le**yeron**
oír	➔	o**yó**, o**yeron**

1. NOS CONOCIMOS EN BERLÍN

A. Escribe estos verbos en Pretérito Indefinido, con la persona indicada.

1. conocerse (nosotros/as) ..nos conocimos..........
2. cocinar (tú) ....
3. dirigir (él/ella/usted) ....
4. entender (ellos/ellas/ustedes) ....
5. escribir (él/ella/usted) ....
6. estudiar (yo) ....
7. ganar (ellos/ellas/ustedes) ....
8. leer (ellos/ellas/ustedes) ....
9. levantarse (él/ella/usted) ....
10. nacer (tú) ....
11. oír (él/ella/usted) ....
12. pensar (vosotros/as) ....
13. perder (ellos/ellas/ustedes) ....
14. salir (yo) ....
15. trabajar (nosotros/as) ....
16. viajar (ellos/ellas/ustedes) ....
17. vivir (nosotros/as) ....
18. volver (vosotros/as) ....

B. Completa estas frases con algunos de los verbos conjugados de la actividad anterior.

1. Esther y yo nos conocimos en Berlín en el invierno del 2002.
2. ¿Salisteis de la fiesta a las cuatro de la madrugada? ¿Y cómo .... a casa? ¿En taxi?
3. Icíar Bollaín .... su primera película, *Hola, ¿estás sola?* en 1995. Actualmente es una directora muy conocida.
4. .... Derecho, pero no consigo trabajo.
5. Y tú, ¿en qué año ....?
6. Mi mujer y yo .... en casa de mis padres hasta el año pasado.
7. Rafael Alberti .... muchas de sus obras en el exilio.
8. El año pasado mis hijos .... una novela de aventuras de Pío Baroja, les encantó.
9. Alberto y Mario, de jóvenes, ... por toda Europa y América Latina.

IRREGULARIDADES DEL PRETÉRITO INDEFINIDO

➔ Todos los verbos de la tercera conjugación (**-ir**) que tienen una **e** o una **o** en la última sílaba de la raíz cambian estas vocales en la tercera persona de singular y del plural (**e ➔ i**; **o ➔ u**).

	P**E**DIR	D**O**RMIR
(YO)	**pedí**	**dormí**
(TÚ)	**pediste**	**dormiste**
(EL/ELLA/USTED)	**pidió**	**durmió**
(NOSOTROS/NOSOTRAS)	**pedimos**	**dormimos**
(VOSOTROS/VOSOTRAS)	**pedisteis**	**dormisteis**
(ELLOS/ELLAS/USTEDES)	**pidieron**	**durmieron**

➔ Hay una serie de verbos que tienen una raíz irregular. Son:

saber	➔	**sup-**	**andar**	➔	**anduv-**	
poder	➔	**pud-**	**decir**	➔	**dij-**	
caber	➔	**cup-**	**traer**	➔	**traj-**	
haber	➔	**hub-**	**querer**	➔	**quis-**	
poner	➔	**pus-**	**estar**	➔	**estuv-**	
venir	➔	**vin-**	**hacer**	➔	**hic-**	PERO *Él **hizo**.*
tener	➔	**tuv-**				

! Los verbos compuestos a partir de **hacer** (**rehacer**, **deshacer**) tienen la misma raíz.

! Todos los verbos terminados en **-ducir** cambian el grupo **uc** por **uj**:

traducir	➔	**traduj-**	**conducir**	➔	**conduj-**

➔ Estos verbos de raíz irregular tienen, en Pretérito Indefinido, unas terminaciones propias, igual en todas las conjugaciones (**-ar**, **-er**, **-ir**):

	ESTAR	SABER	VENIR
(YO)	**estuve**	**supe**	**vine**
(TÚ)	**estuviste**	**supiste**	**viniste**
(EL/ELLA/USTED)	**estuvo**	**supo**	**vino**
(NOSOTROS/NOSOTRAS)	**estuvimos**	**supimos**	**vinimos**
(VOSOTROS/VOSOTRAS)	**estuvisteis**	**supisteis**	**vinisteis**
(ELLOS/ELLAS/USTEDES)	**estuvieron**	**supieron**	**vinieron**

! Cuando la raíz irregular termina en **-j**, desaparece la **i** de la terminación de la tercera persona del plural: ***decir*** ➔ ~~*dijieron*~~ ***dijeron***

➔ Hay algunos verbos con irregularidades especiales:

	DAR	IR / SER
(YO)	**di**	**fui**
(TÚ)	**diste**	**fuiste**
(EL/ELLA/USTED)	**dio**	**fue**
(NOSOTROS/NOSOTRAS)	**dimos**	**fuimos**
(VOSOTROS/VOSOTRAS)	**disteis**	**fuisteis**
(ELLOS/ELLAS/USTEDES)	**dieron**	**fueron**

! **Ir** y **ser** tienen la misma forma en el Pretérito Indefinido: el significado se entiende por el contexto:

- *Pablo Neruda* ***fue*** *un poeta y diplomático chileno.* [verbo **ser**]
- *Flavia* ***fue*** *a la Universidad en Génova.* [verbo **ir**]

2. ¿HICISTE LO QUE TE PEDÍ?

Completa los espacios vacíos con la forma adecuada de los verbos.

ser | dormirse | estar | traer | estar | hacer | ir | pedir | poder | ponerse

1. ● ¿Qué os trajeron los Reyes Magos?

   ○ Pues… nosotros les .... un ordenador, pero nos .... un mp3 y algunos libros. ¿Y a ti?

2. Intenté enviarte email, pero no ...., no encontré ningún cibercafé abierto.

3. Y al final, ¿qué .... el otro día para ir a la boda de Elena?

4. Marcos y su novia .... en Nueva Guinea el año pasado. Dicen que .... una experiencia fantástica.

5. ● ¿Qué .... el sábado pasado?

   ○ El sábado .... toda la noche en casa de Maribel y el domingo .... con mis sobrinos al parque.

6. ¿A qué hora .... los niños ayer?

CONSTRUCCIONES IMPERSONALES

➔ En español, algunas construcciones son impersonales, es decir, no tienen un sujeto gramatical. Son, fundamentalmente, las que describen fenómenos meteorológicos y las que se usan para dar una información sin señalar quien realiza la acción con la construcción **se + verbo en 3.ª persona**.

También son impersonales las construcciones formadas con el verbo haber para expresar existencia.
Ver unidad 17

➔ Para hablar de fenómenos meteorológicos se usan verbos como **llover** o **nevar** conjugados en la tercera persona del singular:

- *Aquí **llueve** mucho en otoño.*
- *¿**Nieva** en tu país en invierno?*

Otra construcción habitual para hablar del tiempo es: **hace** + **sol** / **viento** / **buen tiempo** / **frío** / **calor** / ...

- *Hoy **hace** un día horrible.*
- ○ *Sí, no **hace** buen tiempo para ir a la playa.*

PERO ○ ***Está** nublado.*

➔ Cuando se quiere dar una información sin mencionar el sujeto gramatical, es decir, quién realiza la acción, se usa la construcción **se + verbo en 3.ª persona**.

▶ El verbo concuerda en número con el sustantivo al que hace referencia:

- *En Argentina **se come** mucha carne.*
- *Las empanadillas **se fríen** con aceite muy caliente.*

▶ Si no hay sustantivo, el verbo permanece en singular:

- *En España **se cena** bastante tarde.*
- *Las empanadillas **se fríen** con aceite muy caliente.*

1. ¿QUÉ TIEMPO HACE EN...?

A. ¿Qué tiempo hace en estas imágenes? Escríbelo debajo de cada una.

B. Escucha ahora la grabación y anota a qué ciudad española corresponde cada imagen.

C. ¿Qué tiempo hace ahora en el lugar donde aprendes español? Escríbelo aquí.

....

2. ESTE MES SE LLEVA...

A. Fíjate en este texto de una revista de moda y completa con estos verbos en la forma correcta.

comer | hablar | beber | leer | escuchar

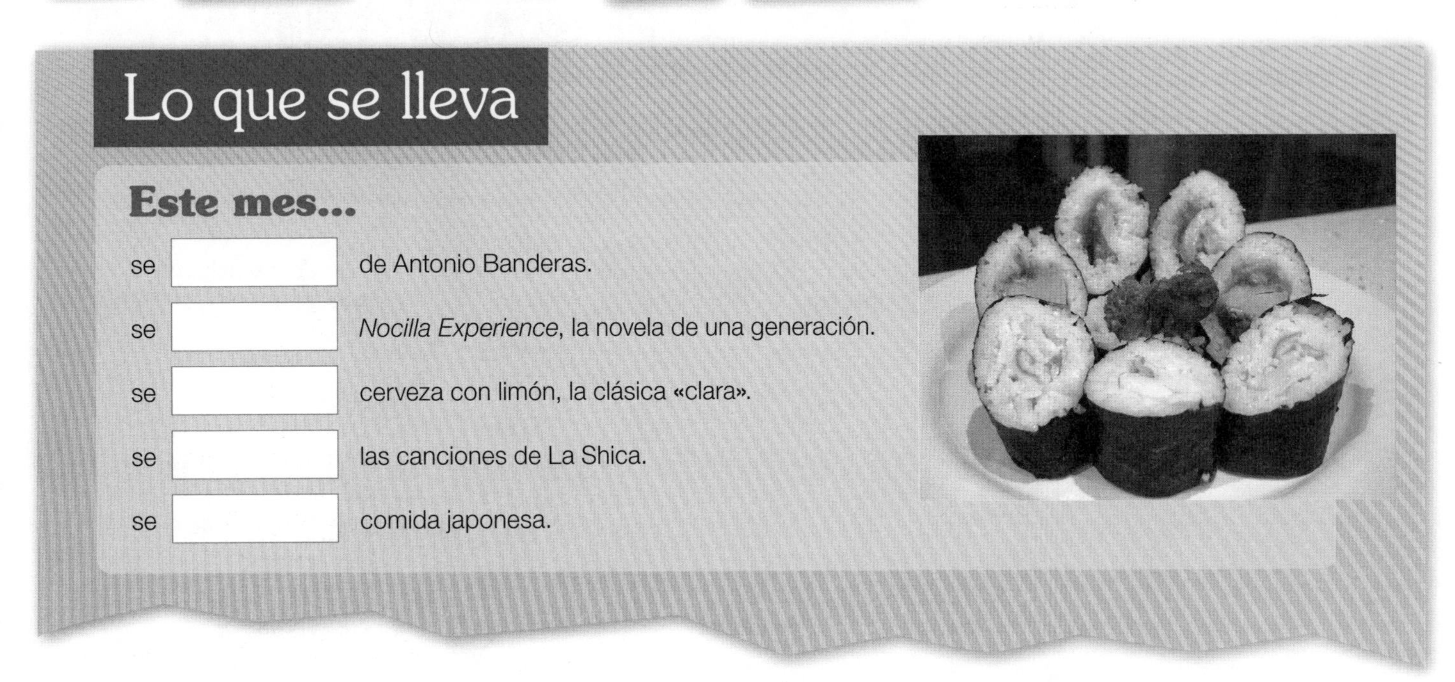

B. ¿Podrías decir cinco cosas que «se llevan» este mes en tu país o ciudad? Escríbelas en tu cuaderno.

17. SER, ESTAR Y HAY

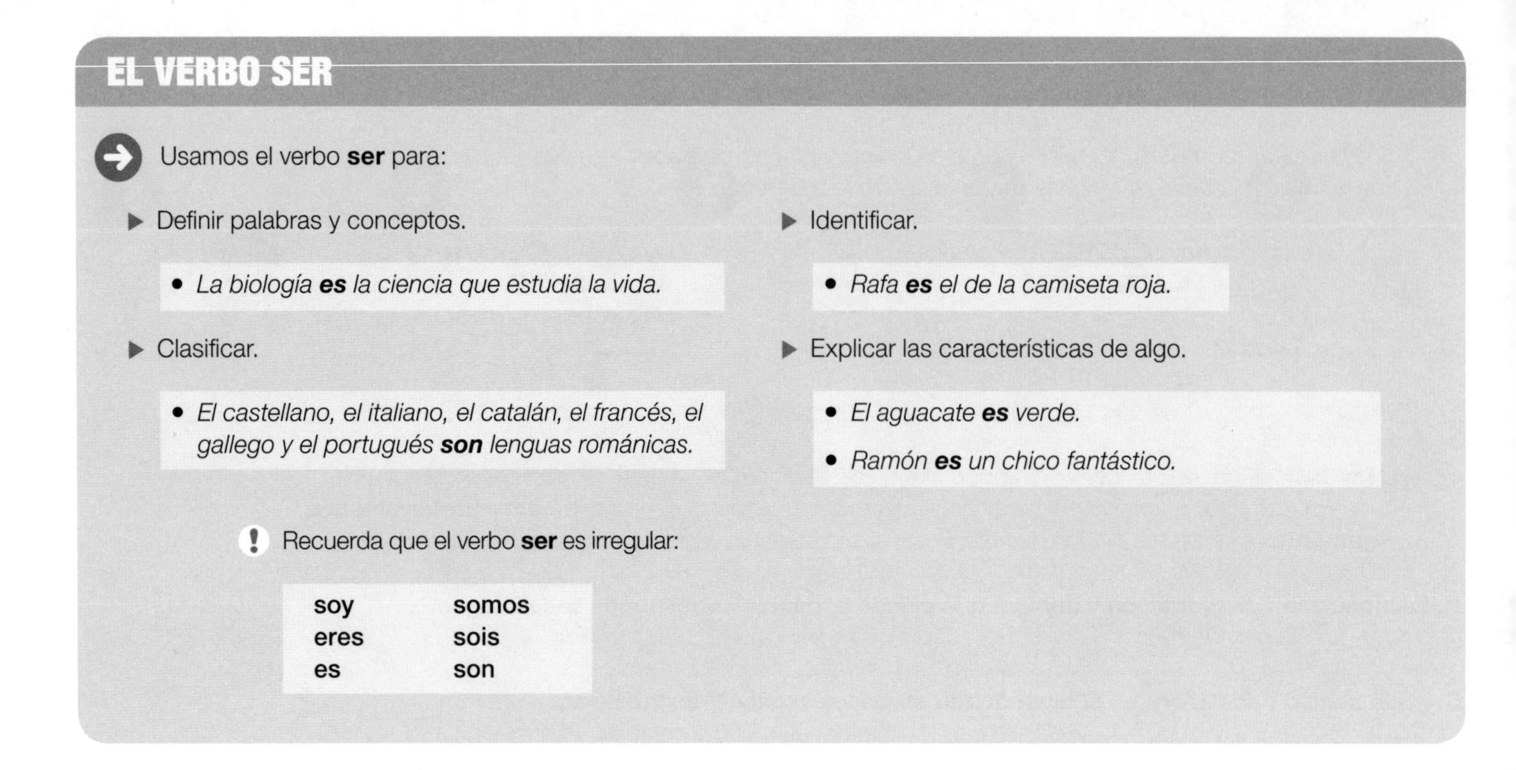

EL VERBO SER

Usamos el verbo **ser** para:

- Definir palabras y conceptos.
  - *La biología **es** la ciencia que estudia la vida.*
- Identificar.
  - *Rafa **es** el de la camiseta roja.*
- Clasificar.
  - *El castellano, el italiano, el catalán, el francés, el gallego y el portugués **son** lenguas románicas.*
- Explicar las características de algo.
  - *El aguacate **es** verde.*
  - *Ramón **es** un chico fantástico.*

Recuerda que el verbo **ser** es irregular:

soy	**somos**
eres	**sois**
es	**son**

1. LA TIERRA ES...

Forma frases como en el ejemplo utilizando el verbo ser y las palabras de los recuadros. Utiliza artículos cuando sea necesario.

La vaca | La Tierra | José Luis | Los Andes | El tequila | Mi perro | Un mar

gran extensión de agua salada. | bebida mexicana. | pequeño y blanco. | animal mamífero. | planeta del sistema solar. | una cordillera de Sudamérica. | alto y delgado.

1. La vaca es un animal mamífero.
2. ....
3. ....
4. ....
5. ....
6. ....
7. ....

LA FORMA HAY Y EL VERBO ESTAR

Hay es la forma impersonal del Presente de Indicativo del verbo **haber** y se usa para informar de la existencia de algo. Muchas veces va asociada a un lugar.

- *En mi barrio **hay** un parque muy grande.*
- ***Hay** mucha gente en la plaza.*
- ***Hay** problemas en la empresa.*
- *¿**Hay** leche en la nevera?.*
- *¿Qué **hay** para comer?*

Hay aparece en frases que hablan por primera vez de algo (se usa para hablar de la existencia). Por esa razón, los sustantivos a los que se refiere van acompañados por **artículos indeterminados**, **numerales** o no tienen ningún determinante (si son sustantivos no contables en singular o sustantivos contables en plural).

- *En esta región **hay***
  - *una universidad muy importante.* [artículo idefinido]
  - *muchos parques naturales.* [cuantificador]
  - *quince hoteles de cinco estrellas.* [numeral]
  - *Ø naturaleza y cultura.* [sustantivo no contable en singular].
  - *Ø playas maravillosas.* [sustantivo contable en plural].

! **Hay** es invariable: tiene una única forma para hablar tanto de objetos en singular como en plural.

! **Hay** nunca se combina con un artículo determinado.

- ~~***Hay** las plantas en el balcón.*~~
- *Las plantas están en el balcón.*

Estar se usa para situar en el espacio elementos que no son nuevos para el oyente. Los sustantivos a los que se refiere pueden ser **nombres propios** o bien ir acompañados por **artículos determinados** o **posesivos**.

- *Venezuela **está** en el norte de Sudamérica.* [nombre propio]
- *Adrián **está** en su casa.* [nombre propio]
- *Los libros **están** sobre la mesa.* [artículo determinado]
- *¿**Está** en esta calle tu coche?* [posesivo]

! Recuerda que el verbo **estar** es irregular.

(YO)	**estoy**
(TÚ)	**estás**
(ÉL/ELLA/USTED)	**está**
(NOSOTROS/NOSOTRAS)	**estamos**
(VOSOTROS/VOSOTRAS)	**estáis**
(ELLOS/ELLAS/USTEDES)	**están**

2. EL PUEBLO DE SAN JULIÁN

Carlos envía un correo electrónico a su amigo Quique contándole cómo es San Julián, el pueblo de sus abuelos. Completa con hay o la forma correcta de estar.

Eliminar | Imprimir | Responder | Reenviar

Para: pablete@latinmail.com
Asunto: ¿Te vienes a San Julián?

¡Hola! ¿Qué tal estás?

Yo ________ en San Julián, el pueblo de mis abuelos. Es un pueblo muy pequeño y ________ a 120 km de Madrid. La verdad es que es un poco aburrido... No ________ casi nada... Te cuento: ________ dos iglesias, San Julián y Santa Rita. La Igesia de San Julián ________ en el centro del pueblo, en la plaza. Santa Rita es más pequeña y ________ en la entrada del pueblo. ________ tres bares en la plaza, y otro bar un poco más lejos. No ________ cines, teatros ni bares de copas: el cine más cercano ________ en San Vicente, un pueblo a 10 km de aquí. También ________ un supermercado pequeño, un estanco y una farmacia, pero no ________ médico ni escuela en el pueblo. La casa de mis abuelos ________ fuera del pueblo, y como no ________ transportes tengo que ir siempre en bicicleta. Pero me gusta la casa: es pequeña pero ________ junto al río. Muy cerca de la casa ________ un bosque donde paseo todas las mañanas. Es verdad que no hay muchas cosas, pero es ideal para descansar... ¿Por qué no te vienes a pasar unos días conmigo? ¡Anímate! Un abrazo.

Carlos

3. UNA ISLA PARADISÍACA

CD 68

A. Escucha la descripción que Sofía hace de Arcadia, la isla en la que vive. ¿A cuál de las imágenes corresponde? Anótalo debajo del dibujo.

Isla de ....

Isla de ....

B. **Observa el dibujo de la otra isla, La Salina. ¿Puedes describirla tú?**

La Salina es una isla...

4. ¿SER, HAY O ESTAR?

Completa las frases con las formas adecuadas de los verbos ser y estar o con la forma hay.

1. Las Islas Canarias ...son... siete y ...están... en el océano Atlántico.
2. En Nicaragua .... lagos, volcanes y selva.
3. San José .... la capital de Costa Rica.
4. En las Islas Galápagos .... animales únicos.
5. Costa Rica .... en Centroamérica, entre Nicaragua y Panamá.
6. La moneda de Perú .... el Sol.
7. En Paraguay .... dos lenguas oficiales: el castellano y el guaraní.
8. La vicuña .... un mamífero de los Andes.
9. El Cantábrico .... un mar abierto.
10. Santander .... en la costa cantábrica.
11. En Argentina .... muchos climas diferentes.

abc! αβχ!

MUNDO PLURILINGÜE

Traduce a tu lengua las frases 1, 2, 3 y 5 del ejercicio anterior.
¿Qué verbos se usan en tu lengua para definir, ubicar en el espacio y expresar existencia? ¿Funciona igual que en español?

- ....
- ....
- ....
- ....

18. LOS CONECTORES

Y, NI, O, PERO

Los conectores son palabras que se utilizan para unir partes de un texto.

➔ Utilizamos la construcción **y** para unir dos o más elementos:

- *Mis aficiones son leer **y** tocar la guitarra.*
- *Soy español **y** tengo 35 años.*

! Cuando la palabra que sigue a **y** comienza con **i-**/ **hi-** se sustituye **y** por **e**.

- *Estos son Pilar **e** Iñaki, unos amigos.*

➔ Con **ni** unimos dos elementos que negamos. Si los elementos negados van después del verbo, podemos usar solo un **ni** entre los elementos o añadir un **ni** antes de cada elemento.

- *No bebo **ni** café **ni** té.*
  [= no bebo café + no bebo té]
- *Mis padres no hablan francés **ni** inglés.*
  [= no hablan francés + no hablan inglés]

Si la frase comienza con los elementos negados, es necesario colocar **ni** antes de cada uno.

- ***Ni** Juan **ni** Pedro hablan inglés.*
  [= Juan no habla inglés + Pedro no habla inglés]
- ~~*Juan ni Pedro hablan inglés.*~~

➔ Usamos la conjunción **o** para presentar alternativas:

- *¿Tu nombre se escribe con b **o** con v?*
- *Quiero estudiar alemán **o** francés.*

! Cuando la palabra que sigue a **o** comienza con **o-** o con **ho-**, se sustituye la conjunción **o** por **u**.

- *Tiene una hija de siete **u** ocho años.*

➔ Con **pero** se presenta una información nueva que, en algún aspecto, se opone a la anterior:

- *Casi nunca como aguacates, **pero** me gustan mucho.*

1. PABLO Y MARTA VIVEN EN PONTEVEDRA

Completa estas frases con y, ni, o, e, u, pero.

a. Pablo .... Marta tienen un hijo pequeño.

b. Hoy no quiero .... salir .... ver gente.

c. Enrique .... Isabel se van de vacaciones a Japón.

d. Quiero acompañarte......... no puedo.

e. ¿El protagonista de *Troya* es Brad Pitt .... Orlando Bloom?

f. .... tú .... ella habláis chino. No podéis trabajar en China.

g. ¿Prefieres ir al sur .... al norte?

h. Llevo el champú........... no el secador.

2. RADIO AULA

A. Radio Aula ha escuchado las llamadas de varios jóvenes que explican qué hacen en su tiempo libre. Lee sus respuestas y coloca cada etiqueta en el lugar que le corresponde.

y pasar la mañana | y a todos nos encanta. | Pero hay dos cosas que no me gustan nada: | pero es muy aburrida. | y correr un poco | ni ir al gimnasio.

Alicia: Bueno, a mí me gusta mucho levantarme pronto ______ antes del trabajo. Los viernes por la tarde voy al gimnasio, y después me ducho y me maquillo para salir.

Marta: No me gusta ni correr ______ No me gusta nada el deporte. Otra cosa que no me gusta es mi clase de inglés. Voy dos días a la semana porque tengo que aprender idiomas, ______

Bruno: Bueno, yo vivo solo y, en general, me gusta hacer las tareas de la casa. ______ ______ una es cocinar y la otra es fregar. Cocino muy mal y, cuando llego cansado a casa, prefiero pedir una pizza en algún sitio.

Carmen: Bueno, a mí me encanta levantarme temprano los fines de semana, comprar el periódico y el pan ______ ______ en casa tranquilamente. Me relaja mucho y me encanta pasar así el día.

Eduardo: Bueno, a mí me gusta especialmente hacer excursiones al campo, voy con un grupo de amigos. Lo hacemos casi todos los fines de semana, ______

B. Escucha la grabación de las entrevistas y comprueba tus respuestas del apartado A.

CD
9-73

TAMBIÉN, TAMPOCO, SÍ, NO

➔ Usamos **también** para añadir un nuevo elemento que coincide con las informaciones dichas anteriormente y además para expresar coincidencia de opinión o de informaciones en una frase afirmativa.

- *Me interesan la política y la cultura, y **también** la literatura.*

- *Trabajo todos los sábados por la mañana.*
- *Yo **también**.*

➔ Para agregar un nuevo elemento y para expresar coincidencia de opinión o de información en frases negativas usamos **tampoco**.

- *No me interesa la política; **tampoco** me interesa mucho la economía.*

- *Hoy no tengo clase. ¿Y tú?*
- *Yo **tampoco**.*

[Isabelle quiere escuchar música en español. + Khaled quiere escuchar música en español.]

[Francesca no quiere hacer ejercicios de gramática. + Esbjörn no quiere hacer ejercicios de gramática.]

➔ Para expresar que no hay coincidencia con lo dicho anteriormente, usamos **sí** y **no**.

[Isabelle quiere leer literatura. + Khaled no quiere leer literatura.]

[A Francesca no le interesa la naturaleza. + A Esbjörn le interesa la naturaleza.]

3. TELARAÑA.COM

A. Estas son las fichas de tres miembros de una red social de internet llamada Telaraña.com. Léelas y completa las frases de la página siguiente con también, tampoco, sí, no.

Perfil del usuario

Nombre: José
Apellidos: Souza
Nacionalidad: portugués
Edad: 21
Estudios/Trabajo: no trabajo ahora
Aficiones: viajar, estar con amigos, conocer a gente nueva
Películas favoritas: *El Padrino*, todas las películas de James Bond
Grupos de música preferidos: Pink Floyd
Me interesa: la política, la moda
No me interesa: la naturaleza

Perfil del usuario

Nombre: Silke
Apellidos: Eichin
Nacionalidad: austríaca
Edad: 21
Estudios/Trabajo: estudio Biología
Aficiones: La montaña, las flores, viajar
Películas favoritas: *El maravilloso mundo de Amelie*, *Mar adentro*
Grupos de música preferidos: Emir Kusturica and the No Smoking Orchestra, Ojos de brujo
Me interesa: la naturaleza, los países del este
No me interesa: la política, la moda

Perfil del usuario

Nombre: Hernán
Apellidos: Mira
Nacionalidad: argentino
Edad: 32
Estudios/Trabajo: estudio Biología
Aficiones: tocar la guitarra, leer, ir a la montaña, viajar
Películas favoritas: *El perro andaluz*, *El maravilloso mundo de Amelie*
Grupos de música preferidos: Pink Floyd, Los fabulosos Cadillacs
Me interesa: la música y la gente
No me interesa: la moda

a. José tiene 21 años. Silke.........................

b. Silke estudia Biología. Hernán......................... .

c. A José le interesa la política, pero a Silke .... le interesa.

d. A José le encanta Pink Floyd y a Hernán........................., pero a Silke ....

e. A Silke le gusta viajar y a José .... le gusta mucho.

f. A Hernán no le interesa la moda y a Silke ...., pero a José..........................

B. Y tú, ¿qué tienes en común con ellos? Reacciona ante las informaciones como en el ejemplo.

1. José es portugués.

Yo no, yo soy francés / francesa. ....

2. Silke estudia Biología.

....

3. A José no le interesa la naturaleza.

....

4. A Hernán le encanta Pink Floyd.

....

5. A Silke le gusta mucho viajar.

....

6. Ni a Hernán ni a Silke les interesa la moda.

....

¿POR QUÉ?, PORQUE

➔ Cuando queremos preguntar por la causa de algo, utilizamos **¿por qué?**

- *¿**Por qué** llevas paraguas?*

➔ Expresamos la causa con **porque**.

- *¿**Por qué** estudias alemán?*
- ○ ***Porque** quiero hablar con mis amigos de Austria.*

4. ¿POR QUÉ LLEVAS PARAGUAS?

Rellena los huecos con porque o por qué.

a. Hablo alemán .... quiero hablar con mis amigos de Munich.

b. Esta noche no puedo ir al cine .... tengo que estudiar.

c. ¿................. estudias español?

d. Si te gustan esas botas, ¿................. no te las compras?

e. ¿................. no llevas cámara de fotos?

f. Yo no llevo cámara de fotos .... no quiero llevar muchas cosas.

g. Me parece antipático .... nunca habla y es muy distante.

QUE EN ORACIONES DE RELATIVO

Utilizamos **que** en oraciones de relativo, con las que damos información sobre objetos, sobre personas o sobre lugares que nombramos.

- *Tengo un primo* ***que*** *vive en Pontevedra.*
- *Ese libro* ***que*** *lees parece muy interesante.*

5. LOS CONECTORES SON PALABRAS QUE...

A. Une cada definición con su terminación.

1. Un médico es una persona...
2. Un cantante es una persona...
3. El tenis es un deporte...
4. Un bolígrafo es un objeto...
5. Un amigo es una persona...

a. que sirve para escribir.
b. que se juega con una raqueta y una pelota.
c. que te quiere en los momentos buenos y en los malos.
d. que trabaja para mejorar la salud de las personas.
e. que canta profesionalmente.

B. Ahora escribe cinco frases como las del apartado anterior en tu cuaderno. Si quieres, puedes usar el diccionario.

ESTRATEGIA
Con la ayuda del **que** de relativo puedes explicar qué es o cómo es una cosa si no sabes cómo se dice.

QUE COMO CONJUNCIÓN

Cuando en una frase el sujeto o el complemento de un verbo es otra frase (que contiene un verbo conjugado) usamos **que** para introducir esa frase.

- *Creo* ***que*** *son las siete de la tarde.*
- *Juan dice* ***que*** *hoy cena en casa.*

6. ¿CON O SIN QUE?

A. ¿En qué frases es necesario añadir la conjunción que? Señala el lugar donde hay que añadirla.

que
1. Creo el español es una lengua fácil. ....
2. Quiero conocer a hispanohablantes en internet. ....
3. Pienso es imposible hablar en español desde el primer día de clase. ....
4. Algunas personas dicen es importante estudiar verbos, pero yo creo no. ....

B. ¿Con qué opiniones y deseos del apartado anterior coincides?
Escribe al lado de cada una yo sí, yo no, yo también o yo tampoco, según corresponda.

ANEXOS

GLOSARIO DE TÉRMINOS GRAMATICALES

TRANSCRIPCIONES

SOLUCIONES

ÍNDICE DE CORRESPONDENCIAS

GLOSARIO DE TÉRMINOS GRAMATICALES

NOMBRE EN ESPAÑOL	DEFINICIÓN	INGLÉS	ALEMÁN	FRANCÉS	ITALIANO	HOLANDÉS	OTRA LENGUA
ADJETIVO	Palabra que acompaña al sustantivo y aporta información sobre cualidades o sobre características de la cosa o persona nombrada. • *Una noche* ***oscura****.* • *Un hombre* ***joven****.*	**adjective**	**Adjektiv**	**adjectif**	**aggettivo**	**bijvoeglijk naamwoord**	
ADVERBIO	Palabra invariable que aporta información sobre un verbo, sobre un adjetivo o sobre otro adverbio. Puede ser información sobre el modo, el tiempo, el lugar, la cantidad, etc. • ***Mañana*** *no tengo clase.* • *Habla* ***bien*** *el chino.*	**adverb**	**Adverb**	**adverbe**	**avverbio**	**bijwoord**	
ARTÍCULO	Palabra que antecede al sustantivo e indica su género y número, y si este se introduce por primera vez en la comunicación (artículo de primera mención) o ya ha aparecido (artículo de segunda mención). • ***El*** *primo de Candela actúa aquí.* • *Candela tiene* ***un*** *gato precioso.*	**article**	**Artikel**	**article**	**articolo**	**lidwoord**	
CONECTOR	Palabra o grupo de palabras que se utiliza para unir dos partes de un texto. Puede expresar una relación de causa, y de finalidad, etc. • *Soy inglés,* ***pero*** *vivo en Francia.* • *Susana* ***y*** *Jorge son hermanos.*	**linker**	**Bindewort**	**connecteur**	**connettore / nesso**	**signaalwoord**	
CUANTIFICADOR	Elemento o palabra que aporta información acerca de la cantidad de la cosa a la que se refiere. • *En mi barrio hay* ***muchos*** *bares.* • *Conozco a* ***pocas*** *personas como ella.*	**quantifier**	**Mengenangabe**	**quantificativ**	**quantifica-tore**	**onbepaald**	
DEMOSTRATIVO	Palabra que antecede a un sustantivo o lo remplaza, y con la que se hace referencia a ese sustantivo indicando su cercanía o su lejanía respecto a las personas que hablan (tanto en el espacio como en el tiempo). • ***Ese*** *hombre ¿no es un actor famoso?*	**demonstrative**	**Demonstra-tivpronomen, -begleite**	**démonstratif**	**dimostrativo**	**aanwijzend voornaam-woord**	
INFINITIVO	El Infinitivo es la forma básica del verbo. Expresa la acción en sí. Funciona también como sustantivo. • *Me encanta* ***cocinar****.*	**infinitive**	**Infinitiv**	**infinitif**	**infinito**	**infinitief, hele werkwoord**	
INTERROGATIVO	Pronombre o adjetivo que introduce una pregunta de respuesta abierta y que indica la información que se desea obtener. • *¿****Qué*** *es eso?* • *¿****Dónde*** *vivís?*	**interrogative pronoun**	**Interrogativ-pronomen / Fragewort**	**interrogatif**	**interrogativo**	**vraagwoord**	

GLOSARIO DE TÉRMINOS GRAMATICALES

NOMBRE EN ESPAÑOL	DEFINICIÓN	INGLÉS	ALEMÁN	FRANCÉS	ITALIANO	HOLANDÉS	OTRA LENGUA
NUMERAL	Los numerales cardinales son palabras que expresan una cantidad determinada de cosas o personas. Los numerales ordinales indican el orden de algo en una serie. • *Tengo* ***setenta y un*** *años.* • *He estado* ***dos*** *veces en África: la* ***primera*** *en Tanzania y la* ***segunda*** *en Mali.*	**numeral**	**Zahlwort**	**numéral**	**numerale**	**het telwoord**	
PARTICIPIO	Forma no personal del verbo que se utiliza para formar el Pretérito Perfecto y otros tiempos verbales. A veces, puede actuar como adjetivo. En ese caso, recibe marcas de género y número. • *Creo que se ha* ***enamorado*** *de Carlos.*	**past participle**	**Partizip II / Partizip Perfekt**	**participe**	**participio**	**voltooid deelwoord**	
POSESIVO	Palabra que identifica algo o a alguien refiriéndose a su poseedor. La relación de posesión puede entenderse como posesión, como parentesco, como pertenencia a un grupo, etc. • *¿Es esta* ***tu*** *bici?* • ***Mi*** *padre tiene 64 años.*	**Possessive pronoun**	**Possessivpronomen, -begleiter**	**possessif**	**possessivo**	**bezittelijk voornaamwoord**	
PREPOSICIÓN	Palabra que establece una relación entre dos elementos de la oración. • *Mañana salgo* ***para*** *Bogotá.* • *Este bolso es* ***de*** *Nacho.*	**preposition**	**Präposition**	**préposition**	**preposizione**	**voorzetsel**	
PRONOMBRE PERSONAL	Palabra que se utiliza para referirse a las diferentes personas gramaticales. • *Hola, soy Daniel, ¿y* ***tú****?* • ***Me*** *encanta el mar en invierno.*	**Personal pronoun**	**Personalpronomen**	**pronom personnel**	**pronome personale**	**persoonlijk voornaamwoord**	
SUSTANTIVO o NOMBRE	Palabra con la que se nombra a una persona, a un animal, un objeto, un concepto o una entidad. Existen dos clases fundamentales: los nombres propios (entidades únicas) y los nombres comunes (objetos y conceptos). • ***El Vesuvio*** *es un* ***volcán*** *de* ***Italia****.* • ***Bárbara*** *está de* ***vacaciones*** *en* ***Turquía****.*	**noun**	**Substantiv / Nomen**	**nom**	**sostantivo / nome**	**zelfstandig naamwoord**	
VERBO	Palabra que se emplea para hablar de procesos, acciones o estados. • *Los fines de semana* ***duermo*** *hasta el mediodía.* • *En este viaje* ***he conocido*** *a gente muy interesante.*	**verb**	**Verb**	**verbe**	**verbo**	**werkwoord**	

Índice de pistas del CD

UNIDAD 1

ejercicio 1	pista 1
ejercicio 2	pista 2
ejercicio 3	pista 3
ejercicio 4	pista 4
ejercicio 5	pista 5
ejercicio 6	pista 6
La entonación	pista 7
ejercicio 7	pista 8
ejercicio 8	pista 9

UNIDAD 2

ejercicio 1	pistas 10-13
ejercicio 2	pistas 14-17
ejercicio 6	pista 18

UNIDAD 3

ejercicio 1	pista 19
ejercicio 3	pistas 20-24
ejercicio 5	pistas 25-28

UNIDAD 4

ejercicio 5	pistas 29-34
ejercicio 6	pistas 35-40

UNIDAD 5

ejercicio 2	pista 41

UNIDAD 6

ejercicio 3	pistas 42-47

UNIDAD 7

ejercicio 2	pista 48
ejercicio 3	pista 49

UNIDAD 8

ejercicio 7	pistas 50-51

UNIDAD 9

ejercicio 1	pista 52
ejercicio 5	pista 53

UNIDAD 10

ejercicio 3	pistas 54-61

UNIDAD 12

ejercicio 1	pistas 62-64
ejercicio 2	pista 65

UNIDAD 13

ejercicio 4	pista 66

UNIDAD 16

ejercicio 1	pista 67

UNIDAD 17

ejercicio 3	pista 68

UNIDAD 18

ejercicio 2	pistas 69-73

UNIDAD 1

1. ¿ME LO PUEDES DELETREAR?

1. Peña
2. Fernández
3. Bibiana
4. Eduardo
5. Pérez

2. ¿CÓMO SUENA EN ESPAÑOL?

- Hola Juan, mira, esta es Cristina.
- ○ Hola Cristina, ¿qué tal? Encantado.
- Igualmente, gracias.
- ○ ¿Y tú vives aquí en Logroño?
- Sí.
- ○ Pues yo también, qué casualidad, ¿verdad?

3. ERRES, GES, JOTAS...

1. ajo
2. vaga
3. caro
4. perro
5. corro
6. caza
7. pesto

4. TRES TRISTES TIGRES

1. caro
2. carro
3. estar
4. mira
5. perro
6. Ramón
7. rojo
8. ser
9. suerte

5. ¿CÓMO SE ESCRIBEN?

1. trabajo
2. terraza
3. guitarra
4. jarra
5. raqueta
6. coche
7. gato
8. juego

6. ¿TE APETECE TOMAR ALGO?

- ¿Te apetece tomar algo?
- ○ Vale, sí, una cerveza.
- Sí, yo otra. Y... ¿pedimos algo de comer?
- ○ Muy bien; mira, el arroz parece bueno, ¿no?

LA ENTONACIÓN

1. Son las nueve y media.
2. ¿Son las nueve y media?
3. ¡Son las nueve y media!

7. ESCUCHA LA ENTONACIÓN

1. Esta es mi madre.
2. ¡Hoy es martes!
3. ¿Estamos lejos de tu casa?
4. ¿Tienes solo 10 euros?
5. Hay una farmacia muy cerca.

8. ¿DÓNDE ESTÁ EL ACENTO?

1. novela
2. compañero
3. música
4. sofá
5. internet
6. inglés
7. química
8. cartero
9. dormir

UNIDAD 2

1. ¿DOS O DOCE?

1.
- ¿Cuántos años tiene?
- ○ 54.
- Vale, escríbalo aquí por favor.

2.
- Oye, para llamar a un teléfono de España, ¿qué número tengo que marcar?
- ○ El 34.

3.
- Entonces, ¿desde cuándo aprendes árabe?
- ○ Pues hace... 2 años.

4.
- ¿Cuánto cuesta ese?
- ○ A ver, pues 530 euros.

2. SERVICIO DE INFORMACIÓN

1.
- • Servicio de información, le habla Marta Esteban. ¿En qué puedo ayudarle?
- ○ Ah… quería el número de teléfono de Blanca Aguado Goldo, en Valencia.
- • Un momento, por favor. Tome nota. Es el 96 543 26 89.
- ○ Muchas gracias.

2.
- • Servicio de información telefónica, dígame.
- ○ Hola, por favor, ¿podría decirme el teléfono de Esteban Rico Pardo, en Barcelona?
- • Sí, a ver… Es el 93 788 56 64.
- ○ De acuerdo, muchas gracias.

3.
- • Información telefónica. Soy Imanol Gómez.
- ○ Hola, necesito el número de teléfono de Madrid, de Martín Serrano Quirós, en la calle Menéndez Pelayo, 30.
- • Sí, a ver, ahora mismo se lo digo. Mire, es el 91 443 00 82.
- ○ Estupendo, muchas gracias.

4.
- • Servicio de Información telefónica, dígame.
- ○ Sí, quería el número de teléfono de Leonor Matamala Felipe, en calle Villanueva, en Badajoz.
- • A ver… sí, es el 924 23 34 86. Se lo repito, 924 23 34 86.
- ○ Bien, gracias.

6. LOS ÉXITOS DEL AÑO

- • Oye, Miqui, yo creo que podemos dar ya la lista de los 10 grandes álbumes del 2007. ¿No te parece?
- ○ Pues sí, Lola. Bueno, esta es la lista que han votado los oyentes del programa. Venga, empezamos con el número 10. El décimo puesto es para Pepe Robles, imprescindible este año. Realmente una sorpresa de este legendario músico malagueño.
- • En el número 9, Alejandro Sanz y Shakira, que triunfan por todo el mundo con su sensible *Te lo agradezco, pero no*.
- ○ En octava posición, un grupo nuevo y muy fresco que ha descubierto la fórmula del hip hop romántico: Facto Delafé y las Flores Azules, con su álbum *Luz de la mañana*.
- • Huy, sí, me encanta el disco. El número 7 es para los clásicos del pop independiente español, Los Planetas y su *Leyenda del espacio*.
- ○ El número seis tiene sabor a jazz de los años 30 y lo ocupa Racalmuto con el disco de su mismo nombre.
- • Y en el número 5 se sitúa Miguel Bosé, esta vez acompañado del pop mexicano de Julieta Venegas con *Morena mía*.
- ○ Este año ha sido el año de La quinta estación, que se colocan en cuarta posición con Me muero.
- • Andrés Calamaro llega hasta el puesto número 3, con el disco Lengua popular convertido ya en todo un clásico del pop-rock en español.
- ○ El segundo lugar es para Juanes y Me enamora. Otro gran éxito en la carrera del colombiano.
- • Pues sí, y ya llegamos al número 1. Un grupo de pop independiente español: Deluxe con el álbum Fin de un viaje infinito.

UNIDAD 3

1. ¿PROPIOS O COMUNES?

1. museo
2. Paraguay
3. película
4. diccionario
5. Paula
6. Venezuela
7. novela
8. excursión
9. artesanía

3. ¿DE QUÉ TRABAJAN?

1.
- • ¿Sabes que tengo un grupo nuevo?
- ○ ¿Ah sí? ¡Qué bien, Adela! ¿Y qué tipo de música hacéis?
- • Pues entre jazz y pop. Está muy bien, pero canto en inglés.
- ○ Bueno, seguro que suena genial.

2.
- • … Qué bueno, ¿te acuerdas? Me reí un montón…
- ○ … Sí, sí, sí fue muy divertido…
- • Oye, oye, por cierto, ¿qué sabes de Enrique?
- ○ Pues, pues poco, la verdad. Creo que ahora trabaja para un periódico muy importante y viaja mucho, pero no sé nada más.
- • Ay, tengo que llamarlo un día, a ver qué me cuenta.

3.
- • ¿Sabes adónde vamos esta noche?
- ○ Pues no, ni idea.
- • Al restaurante de Manu.
- ○ Ah, ¿Manu tiene un restaurante? ¿Qué tipo de cocina hace?
- • Pues vasca, sobretodo.
- ○ Qué bien.

4.
- • ¿Qué tal, Silvia? ¿todo bien?
- ○ Sí, bueno, tengo un examen de economía muy importante y… estoy muy nerviosa.
- • Ah, ánimo, seguro que te sale bien.

5.
- ¿Qué haces, Gabriela?
- ○ Mira, preparo la clase de mañana. Quiero llevar una canción para trabajar el tema de las profesiones.
- Ah, qué divertido.

5. ¿UNA PELÍCULA O UNAS FOTOGRAFÍAS?

1.
- Me encantan estas en blanco y negro.
- ○ Ay, sí, qué buenas.

2.
- Creo que hay uno nuevo en la calle Mayor. Sirven un pescado estupendo.
- ○ Sí, pero es muy caro, ¿no?

3.
- ¡Ay, qué bonitas!
- ○ Sí, ¿verdad?
- ¿Son de piel?
- ○ Sí, sí, 100% piel.

4.
- Es de las más altas del país, ¿no?
- ○ Sí, no se puede subir sin equipo.

UNIDAD 4

5. ¿CÓMO SE DICE?

1.
- Mi mejor amigo se llama Julián. Es muy buen chico y sobre todo nada egoísta, siempre comparte lo que tiene y piensa en los demás.

2.
- A mi hermano Jorge le gusta mucho hablar con la gente, no es nada tímido: enseguida habla de sus cosas con todo el mundo.

3.
- Nuestra profesora Mercedes cuenta historias muy divertidas en clase, siempre nos reímos mucho con ella.

4.
- Mi compañera de piso es un desastre, a veces no sabe dónde pone sus cosas y se olvida del cumpleaños de su amigos. Ay..., y también de limpiar...

5.
- Mi suegro es buena persona, pero es de esas personas que siempre lo ve todo negativo, nunca está contento.

6.
- Lo peor de mi novio es que siempre llega tarde, siempre, media hora o más. Pero bueno, si ya lo sabes, llegas tú también tarde y así no hay problema.

6. TE RECOMIENDO ESTA NOVELA

1.
- Es muy buena, un poco larga, pero muy interesante.
- ○ Entonces, ¿me la recomiendas?

2.
- Esta es preciosa y casi no hay turistas. Tenéis que ir.
- ○ Vale, gracias por el consejo.

3.
- No está activo, así que puedes llegar hasta el cráter. Es espectacular.
- ○ ¿Cuánto tiempo tardas caminando?

4.
- ¿Quiénes son?
- ○ Unos amigos italianos de Pedro, son muy simpáticos.

5.
- Me llevo las blancas, son muy bonitas y no son caras.

6.
- ¿Y esta?
- ○ Es una LCD de 40 pulgadas, fantástica.
- Pero cuesta casi 1500 euros, ¿no?... No, demasiado cara.

UNIDAD 5

2. CHARLANDO EN UN BAR

1. En esa tienda hay unas camisetas muy originales.
2. Tengo aquí el libro. ¿Quieres verlo?
3. Tengo un examen el viernes.

UNIDAD 6

3. ¿DE QUÉ HABLAN?

1.
- ¿Cuánto cuestan estos?
- Esos cuestan, a ver, … 35 euros.

2.
- No sé…, quiero uno que sea bueno.
- Pues le recomiendo este, es más caro, pero hay una gran diferencia en la calidad.

3.
- ¿Cuáles te gustan más?
- Ah, a mí esas, las rojas.

4.
- Hombre, para un viaje largo yo creo que es mejor esta.
- Sí, es verdad.

5.
- Perdone, señora, ¿no tiene otra? Es que esta no funciona.
- Huy, bueno…, quizás con esta.

6.
- Huy, qué caro es este, ¿no?
- Es que es de una marca muy buena.

UNIDAD 7

2. ESTA ES MI FAMILIA

- Oye, ¿esta es tu familia?
- Sí, estos son mis padres, y estos dos, mis hermanos…
- Tus padres parecen simpáticos, y ¡muy jóvenes! ¿Cómo se llaman?
- Pues, mi madre se llama Malena y mi padre, Ricardo.
- Malena… me gusta ese nombre. ¿No hay un tango que se llama así?
- Sí, sí, se lo cantan a mi hermana pequeña, que también se llama Malena.
- ¡¿También?!
- Sí, es un nombre muy habitual en la familia.
- ¿Y tu otro hermano? Parece mayor que tú, ¿no?
- Sí, Iván tiene 35 años.
- Y esta señora, ¿tu abuela?
- Sí, es la madre de mi padre. Y el que está a su lado es su marido, mi abuelo César.
- La foto es preciosa, ¿de cuándo es?
- De una fiesta en casa de mi tía, por el cumpleaños de mi abuelo, que…

3. ¿TÚ CONOCES ASIA?

- Algún día quiero ir a China. ¿Tú conoces Asia?
- Sí, bueno, solo Japón.
- Pues a mí me gustaría viajar a Shangai. Mi hermana dice que es la ciudad más interesante de Asia en este momento.
- Claro, tu hermana viaja mucho a China, ¿no? ¿Y por qué no viajas con ella?
- Es que ella va siempre por su trabajo y está solo uno o dos días. Para mí, viajar significa estar por lo menos dos semanas en un lugar.
- Ya, a mí me pasa lo mismo.

UNIDAD 8

7. ¿CONOCES ALGÚN HOTEL POR AQUÍ?

1.
- El Hotel Colón está muy bien: es muy nuevo, está en el centro de la ciudad y tiene unas instalaciones muy modernas. Es un hotel poco conocido, por eso los precios están muy bien: no es nada caro.

2.
- Esta casa es enorme, demasiado grande para mí. Yo vivo sola y una casa como esta es poco práctica. Lo bueno es que el precio está bien, es una casa bastante barata.

UNIDAD 9

1. ¿ES PERIODISTA?

1. Esto es Guatemala.
2. Tiene 30 años.
3. ¿Esta es Marta Etura?
4. ¿Son griegos?
5. ¿Estudia informática?
6. ¿Es periodista?
7. ¿Marco vive en Bilbao?
8. Ella estudia español para viajar.
9. Trabaja en una escuela de idiomas.

5. ¿CUÁL ES TU ESCRITOR FAVORITO?

1. ¿Tienen guantes de cuero?
2. ¿Cuál es tu actor favorito?
3. ¿Qué haces el jueves por la noche?
4. ¿El clima de Uruguay es tropical?
5. ¿Cómo se llama tu abuela?

6. ¿Cuál es su talla?
7. ¿Cuánto cuestan estos?
8. ¿Cuántos idiomas hablas?
9. ¿Quién es el autor de Hamlet?

UNIDAD 10

3. PONGO LAS GALLETAS EN EL ARMARIO

1.
- ¿Dónde las pongo?
- ○ En el armario.

2.
- ¿Cómo las hago? ¿Hervidas?
- ○ Mmm… a mí me gustan más fritas.

3.
- Yo lo leo por las mañanas, mientras desayuno.
- ○ Pues yo lo leo en internet.

4.
- Yo siempre los como fritos… me encantan…
- ○ A mí también, pero no los como a menudo.

5.
- En mi país la tomamos helada.
- ○ Pues nosotros la tomamos fría, pero no tanto.

6.
- Pues siempre los hago por la noche.
- ○ Ah, no, yo no. Yo prefiero hacerlos por la mañana, antes de clase.

7.
- La veo solo cuando hay una buena película.
- ○ Pues yo no la veo casi nunca, pero en mi casa está siempre encendida…

8.
- Normalmente lo como al horno.
- ○ Pues yo lo prefiero empanado.

UNIDAD 12

1. SOY LUIS

1.
Me llamo Luis y tengo 23 años. Estudio marketing y trabajo como recepcionista en un hotel. Mi novia se llama Maite y tiene 25 años. Es ingeniera y trabaja en una empresa multinacional. Vivimos en Sevilla, pero somos de Madrid; nuestras familias viven allí.

2.
Quito, la capital de Ecuador, es la segunda ciudad más poblada del país: más de dos millones de personas viven allí. Sus habitantes se llaman quiteños. Quito se encuentra en un valle entre montañas y volcanes y solo tiene dos estaciones: verano e invierno. En invierno llueve mucho. La línea del Ecuador pasa muy cerca de la ciudad.

3.
En mi casa todos nos levantamos muy temprano porque vivimos lejos del centro. Desayunamos juntos, pero no salimos de casa a la misma hora. Mis padres llevan a la escuela a Romina, la más pequeña, y cogen el tren: trabajan en el centro. Mi hermano y yo tenemos más tiempo porque estudiamos en nuestro barrio. Yo salgo de clase a las dos y preparo la comida para los tres. Luego estudio, visito a mis amigos o navego un rato por internet. Mis padres regresan tarde y normalmente cenamos todos juntos.

2. ¿YO, TÚ O ÉL?

1. ¿Dónde trabajáis?
2. ¿Tienes correo electrónico?
3. Estudiamos Filología francesa.
4. Habla cinco idiomas.
5. Vivo con dos amigas.
6. ¿A qué se dedican?

UNIDAD 13

4. LA APRETADA AGENDA DE ESTEBAN

- ¿Sí?
- ○ Hola, Esteban, ¿qué hay?
- Hombre, Paula, ¿qué tal?
- ○ Pues muy bien, con ganas de verte. ¿Qué tal si hacemos algo esta semana?
- Pues muy bien, pero a ver si podemos organizarlo, porque esta semana tengo que hacer muchas cosas. A ver, espera, que miro la agenda.
- ○ ¿Y si comemos un día?
- Pues, a ver, el lunes no puedo porque como con mi hermano. No nos vemos mucho últimamente y, bueno, ya sabes... El martes y el miércoles estoy en Barcelona, tengo que ir por trabajo.
- ○ ¿Y el jueves?
- El jueves trabajo hasta las cinco; no puede ser. El viernes termino a las dos, pero tengo que recoger a mi hija para ir al pueblo de mis padres y no volvemos hasta el domingo por la noche... Mmm, está difícil. ¿Por qué no tomamos algo por la noche?
- ○ Vale, ¿el lunes?
- Huy, lo siento, pero el lunes no puedo porque tengo entradas para el cine. El jueves tengo el grupo de teatro de siete a nueve, pero podemos vernos después.
- ○ Por mí muy bien. El jueves no tengo nada especial.
- Pues entonces nos vemos el jueves. ¿A las diez?
- ○ Muy bien, ¿vamos a La escalera? Hay un concierto de Los Presidentes.
- Ah, sí, ¡me encantan!
- ○ Vale, pues a las 10 en La escalera.
- ¡Fantástico!, pues hasta el jueves.
- ○ Hasta el jueves, ¡chao!

UNIDAD 16

1. ¿QUÉ TIEMPO HACE EN...?

... Y ahora vamos a ver cómo se presenta el tiempo en las principales ciudades de España.
En Bilbao hoy la vida es más lenta: nieva en la ciudad, toda una sorpresa para los bilbaínos.
En Vigo hay mucha niebla. Tened cuidado si tenéis que conducir.
Tienen buen tiempo en Valencia: hace sol y parece que va a seguir así todo el día.
En Sevilla no es buen día para pasear sin paraguas: llueve sin interrupción desde hace dos días.
En Madrid hace buen tiempo, pero también mucho viento. Hay peligro de accidentes en la carretera.
En Barcelona hay algunas nubes...

UNIDAD 17

3. UNA ISLA PARADISÍACA

Pues... Arcadia es una isla bastante pequeña, con pocos habitantes, pero en verano hay muchos turistas. Hay playas muy bonitas en el sur y en el este de la isla. El puerto está en el norte; ahí no hay playas para bañarse. En el oeste tampoco hay playas, pero hay un volcán y un bosque tropical. La ciudad principal se llama Bahía de la Perla y está en el norte, junto al puerto. También hay dos pueblos pequeños, muy pintorescos: Palmar y La Loma. Palmar está en el sur, muy cerca de la playa, y La Loma está al oeste, junto al bosque. También hay un río que pasa por el centro de la isla. En Arcadia no hay aeropuerto: el aeropuerto está en la otra isla, en La Salina.

UNIDAD 18

2. RADIO AULA

- En esta emisión de Radio Aula queremos conocer mejor los gustos e intereses de la gente joven, por eso necesitamos vuestra participación: para explicarnos qué hacéis habitualmente en vuestro tiempo libre, lo que os gusta y lo que no. Ya tenemos una llamada. Hola, buenas tardes, ¿con quién hablamos?
- ○ Hola, me llamo Alicia.
- Alicia, cuéntanos alguna cosa que tú haces en tu tiempo libre.
- ○ Bueno, a mí me gusta mucho levantarme pronto y correr un poco antes del trabajo. Los viernes por la tarde voy al gimnasio y después me ducho y me maquillo para salir. Me encanta maquillarme, soy muy coqueta.
- Pues ¡muchas gracias! Vamos a escuchar a otra oyente.

- Buenas tardes, ¿quién eres?
- ○ Hola, soy Marta, buenas tardes.
- ¿Tú también eres deportista, Marta?
- ○ Bueno..., a mí no me gusta ni correr ni ir al gimnasio, no me gusta el deporte. Otra cosa que no me gusta es mi clase de inglés. Voy dos días a la semana porque tengo que aprender idiomas, pero es muy aburrida.
- Vaya, quizá debes ir a otra escuela o buscar a otro profesor. Muchas gracias por tu llamada.
- ○ De nada, ¡hasta luego!

- ¡Hola! ¿Tu nombre, por favor?
- ○ Bruno.
- Hola Bruno, adelante, cuéntanos qué sueles hacer tú.
- ○ Bueno, yo vivo solo y, en general me gusta hacer las tareas de la casa. Pero hay dos cosas que no me gustan nada: una es cocinar y la otra, fregar.

- ¿Cocinar y fregar, eh?
- ○ Sí sí. Cocino muy mal y, cuando llego cansado a casa, prefiero pedir una pizza en algún sitio. Así no tengo que fregar los platos. En mi barrio hay pizzerías estupendas y nada caras.
- Ajá, pues ya nos dirás alguna...Gracias por tu llamada, ¡hasta la vista!

- Hola, ¿con quién hablamos?
- ○ Con Carmen.
- Carmen, explícanos algo que haces en tu tiempo libre.
- ○ Bueno, a mí me encanta levantarme temprano los fines de semana, comprar el periódico y el pan y pasar la mañana en casa tranquilamente. Me relaja mucho y me encanta empezar así el día.
- ¡Vaya, no está mal! Hasta luego, Carmen.

- Vamos a escuchar la última llamada. ¿Hola?
- ○ Hola.
- ¿Cómo te llamas?
- ○ Soy Eduardo.
- Hola, Eduardo, explícanos qué haces tú.
- ○ Bueno, a mí me gusta especialmente hacer excursiones al campo. Voy con un grupo de amigos. Lo hacemos casi todos los fines de semana, y a todos nos encanta.
- ¡Suena divertido! Bien, pues gracias por llamar. Os agradecemos mucho vuestras opiniones. Y a los que estáis en casa, recordad que aún podéis mandar vuestros correos electrónicos para el concurso...

SOLUCIONES

1. SONIDOS, LETRAS Y ORTOGRAFÍA

1.

A.

1. b. Peña — 2. a. Fernández — 3. b. Bibiana
4. b. Eduardo — 5. a. Pérez

B.
Respuesta libre.

2.

Respuesta libre.

3.

A.

1. b. ajo
2. a. vaga
3. a. caro
4. b. perro
5. b. corro
6. b. caza
7. b. pesto

B.
Sugerencia.
[x] como en baja: jota, hijos, conjunción, región, general
[r] como en perro: rubia, resultados, rellenar, Marruecos, correspondiente

4.

A.

1. r
2. R
3. r
4. r
5. R
6. R
7. R
8. r
9. r

B.

PRONUNCIACIÓN FUERTE	PRONUNCIACIÓN DÉBIL
carro	caro
perro	estar
Ramón	mira
rojo	ser
	suerte

C.
Respuesta libre.

5.

1. trabajo
2. terraza
3. guitarra
4. Jarra
5. raqueta
6. coche
7. gato
8. juego

6.

A. b
B. Sugerencia.
La **en**tonación pue**de** **in**dicar si formulamos una pregunta, u**na** **ex**clamación o u**na** **a**firmación.

7.

1. afirmación
2. exclamación
3. pregunta
4. pregunta
5. afirmación

8.

A.

1. no-ve-la
2. com-pa-ñe-ro
3. mú-si-ca
4. so-fá
5. in-ter-net
6. in-glés
7. quí-mi-ca
8. car-te-ro
9. dor-mir

B.
Sugerencia.

penúltimo
médico

caballero
camisa
perro

ordenador
escuchar
reloj

2. LOS NUMERALES

1.

Diálogo 1: 54
Diálogo 2: 34
Diálogo 3: 2
Diálogo 4: 530

2.

1. Blanca Aguado — 96 543 26 89
2. Esteban Rico — 93 788 56 64
3. Martín Serrano — 91 443 00 82
4. Leonor Matamala — 924 23 34 86

3.

2	4	1	7	9	3	6	8	5
5	9	8	1	6	2	4	7	3
7	3	6	8	4	5	2	1	9
9	2	3	5	7	6	8	4	1
8	5	7	4	1	9	3	6	2
1	6	4	3	2	8	9	5	7
3	7	2	6	5	4	1	9	8
6	8	5	9	3	1	7	2	4
4	1	9	2	8	7	5	3	6

4.

a. ochenta y uno, doscientos cuarenta y tres *(multiplicando por tres)*
b. quinientos cuarenta y cinco, seiscientos cincuenta y seis *(números capicúas sucesivos: 212, 323, 434, 545, 656…)*
c. cien mil, un millón *(multiplicando por diez)*

5.

b. 45630
c. 9584
a. 8956
e. 1201
d. 384

6.

(4.º) *Me muero*, de La Quinta Estación está en la **cuarta** posición.

(3.º) *La lengua popular* de Andrés Calamaro está en la **tercera** posición.

(1.º) *Fin de un viaje infinito* de Deluxe tiene el **primer** lugar.

(9.º) *Te lo agradezco pero no* de Alejandro Sanz y Shakira está en la **novena** posición.

(2.º) *Me enamora* de Juanes tiene el **segundo** puesto.

(5.º) *Morena mía* de Miguel Bosé y Julieta Venegas está en el **quinto** lugar.

(7.º) *La leyenda del espacio*, de Los Planetas es el **séptimo** .

(8.º) *Clavell morenet*, de La Troba Kung-Fú está en la **octava** posición.

(10.º) *Pepe Robles*, de Pepe Robles tiene el **décimo** puesto.

(6.º) *Racalmuto*, de Racalmuto está en la **sexta** posición.

3. LOS SUSTANTIVOS

1.

A.

Sugerencia.

NOMBRES PROPIOS		NOMBRES COMUNES
Personas	Lugares	
Pepe	Nicaragua	abogado
María	Perú	artesanía
Paula	Venezuela	chico
Adela	China	excursión
Enrique	Brasil	museo
Manu	Argentina	película
Silvia	Paraguay	novela
Gabriela	Ecuador	diccionario

B.

museo	diccionario	novela
Paraguay	Paula	excursión
película	Venezuela	artesanía

2.

A.

1. cia-pro-ción-nun: pronunciación
2. bir-es-cri: escribir
3. ca-rio-vo-bu-la: vocabulario
4. ti-gra-ca-má: gramática
5. du-cir-tra: traducir
6. lí-pe-cu-las: películas
7. ra-cul-tu: cultura
8. ver-sar-con: conversar

B.

1. F
3. M
4. F
6. F
7. F

C.

Respuesta libre.

3.

A.

1. Adela es cantante.
2. Enrique es periodista.
3. Manu es cocinero.
4. Silvia es estudiante.
5. Gabriela es profesora.

B. y **C.**

-o	el cocinero, el perro, el pueblo
-a	la profesora, la escuela, la libreta
-e	el nombre, la serie, el coche
-ista	el periodista, el artista, la revista
-aje	el viaje, el paisaje, el equipaje
-ción/-sión	la información, la tensión, la conjunción
-tad/-dad	la libertad, la verdad, la ciudad
-r	el calor, el señor, el profesor
-ema/-oma	el problema, el cromosoma, el tema
-ón	el corazón, la conversación, la entonación
-ez	la madurez, la sencillez
-ente/-ante	el/la cantante, el/la estudiante, el/la paciente

D.
Respuesta libre.

4.
A.
1. unos autobuses
2. unos cepillos de dientes
3. unas mujeres
4. unos bocadillos
5. unos lápices
6. unos árboles

B.
Respuesta libre.

5.
Diálogo 1: unas fotografías
Diálogo 2: un restaurante
Diálogo 3: unas botas
Diálogo 4: una montaña

6.
A.
Sustantivo: *el día*
Traducción a mi lengua: (respuesta libre)
Palabras derivadas: *diario, diariamente...*
Plural: los días
Frase de ejemplo: (Sugerencia.) *Hoy es un día muy bonito, Algún día quiero viajar a Marruecos…*
Expresiones habituales: *cada día, algún día, el otro día, el próximo día*

Sustantivo: *el trabajo*
Traducción a mi lengua: (respuesta libre)
Palabras derivadas: *trabajador*
Plural: los trabajos
Frase de ejemplo: *Me gusta mucho mi trabajo.*
Expresiones habituales: en el trabajo, voy al trabajo, empezar el trabajo, salir del trabajo, terminar el trabajo, un trabajo interesante/aburrido/cansado…

B.
Respuesta libre.

4. LOS ADJETIVOS

1.
A.
típica, popular, simpática, amigo (opcional)

B.
Respuesta libre.

2.
A.

M famoso	F trabajadora	M/F pesimista	M/F marroquí
M/F tropical	M caro	M típico	F bonita
M/F increíble	F pequeña	M/F normal	M/F grande

B.
famoso / famosa
trabajadora / trabajador
caro / cara
pequeña / pequeño
típico / típica
bonita / bonito

3.
Respuesta libre.

4.
A.
inglés: Inglaterra
japonés: Japón
argentino: Argentina
español: España
mexicano: México
brasileño: Brasil
indio: India
francés: Francia

B.
Sugerencia.

Shakespeare es un escritor inglés. Es el autor de *Hamlet*. Sus obras se conocen en todo el mundo.

El **mate** es una infusión argentina. El recipiente en el que se bebe mate es de calabaza. La palabra *mate* viene del quechua y significa «vaso» o «recipiente».

El **champán** es una bebida francesa. Procede de la región francesa de la Champagne, de ahí viene su nombre.

El **guacamole** es una salsa mexicana. Está hecho con aguacate, tomate y cebolla. Se come con nachos, unas tortillas de maíz delgadas y crujientes.

El **Taj Mahal** es un palacio indio. Es una de las siete maravillas del mundo y está en la ciudad de Agra.

El **sake** es una bebida japonesa. Se hace con arroz fermentado. En japonés significa «bebida alcohólica».

Javier Bardem es un actor español. Ha ganado un Oscar en 2008 por la película *No es país para viejos*.

Río de Janeiro es una de las ciudades más importantes de Brasil. Es famosa por las playas de Ipanema y Copacabana, y por la celebración anual del Carnaval.

C.
Respuesta libre.

5.

A.
Sugerencia.
1- Julián es generoso.
2- Jorge es abierto.
3- Mercedes es graciosa y divertida.
4- Su compañera de piso es despistada.
5- Su suegro es pesimista.
6- Su novio es impuntual.

B.
Respuesta libre.

6.

A 4
B 2
C 1
D 3
E 6
F 5

7.

A.
1. antipático ➜ amable
2. responsable ➜ irresponsable
3. paciente ➜ impaciente
4. generoso ➜ egoísta
5. impuntual ➜ puntual
6. optimista ➜ pesimista
7. tímido ➜ abierto
8. trabajador ➜ vago
9. natural ➜ artificial
8. normal ➜ raro

B.

-o

MASC. SING.	MASC. PLURAL	FEM. SING.	FEM. PLURAL
antipático	antipáticos	antipática	antipáticas
generoso	generosos	generosa	generosas
tímido	tímidos	tímida	tímidas
raro	raros	rara	raras
abierto	abiertos	abierta	abiertas
vago	vagos	vaga	vagas
organizado	organizados	organizada	organizadas
desorganizado	desorganizados	desorganizada	desorganizadas

-e

MASC. SING.	MASC. PLURAL	FEM. SING.	FEM. PLURAL
responsable	responsables	responsable	responsables
paciente	pacientes	paciente	pacientes
irresponsable	irresponsables	irresponsable	irresponsables
impaciente	impacientes	impaciente	impacientes
amable	amables	amable	amables

-ista

MASC. SING.	MASC. PLURAL	FEM. SING.	FEM. PLURAL
egoísta	egoístas	egoísta	egoístas
optimista	optimistas	optimista	optimistas
pesimista	pesimistas	pesimista	pesimistas

-l, -n, -r, -s, -z

MASC. SING.	MASC. PLURAL	FEM. SING.	FEM. PLURAL
impuntual	impuntuales	impuntual	impuntuales
puntual	puntuales	puntual	puntuales
natural	naturales	natural	naturales
normal	normales	normal	normales
artificial	artificiales	artificial	artificiales

-or / vocal tónica + n

MASC. SING.	MASC. PLURAL	FEM. SING.	FEM. PLURAL
trabajador	trabajadores	trabajadora	trabajadoras

5. LOS ARTÍCULOS

1.

A.
a. Necesito un mapa de la ciudad.
b. Muriel, en la puerta hay unas chicas. Creo que son tus amigas.
c. La guitarra es un instrumento de cuerda.
d. El viernes no puedo ir a clase. Voy a una boda en Santander.
e. ¿Tienes un billete de 10 euros?
f. Hoy ponen una película buena en la tele.

B.
Respuesta libre.

2.
1-b
2-a
3-a

3.
1-b
2-e
3-f
4-d
5-a
6-c

4.
1. El agua es fundamental para una vida sana.
2. ¿Tienes tú el libro de Hortensia? Ella no lo tiene.
3. La capital de Japón es Tokio.
4. Para preparar la salsa bechamel necesitas harina, leche y sal.
5. ¿Quieres otra cerveza?

5.
Sugerencia.
a. El amarillo.
b. Croacia.
c. El viernes.
d. La primavera.
e. A las seis.
f. El 6 de mayo.

MUNDO PLURILINGÜE
Respuesta libre.

4.
1. un diccionario
2. una camiseta
3. unos zapatos
4. una flauta
5. el son
6. un juego
7. un foro
8. un cuaderno

5.
A. 2 botas
B. 3 discman
C. 1. ordenador

6.
1. esto
2. eso
3. este
4. aquel

7.
Respuesta libre.

8.
a. este gato
b. Este fin de semana
c. Esta es gris
d. estas sillas y esta mesa

MUNDO PLURILINGÜE
Respuesta libre.

6. LOS DEMOSTRATIVOS

1.
A. 3
B. 1
C. 2

2.
1. estos-estos
2. este-este
3. esta-esta
4. estas-estas
5. estas
6. este

3.
Diálogo 1: unos zapatos
Diálogo 2: un microondas
Diálogo 3: unas na tarjeta de crédito
Diálogo 6: un protector solar

7. LOS POSESIVOS

1.
1. mi ciudad
2. mi silla
3. mi hermano
4. sus pantalones
5. mi comida preferida
6. su madre
7. nuestros amigos

2.
Padre: Ricardo
Madre: Malena
Hermana: Malena
Hermano: Iván
Abuela: (sin nombre)
Abuelo: César

3.
- Algún día quiero ir a China. ¿**Tú** conoces Asia?
- Sí. Bueno, solo Japón.
- Pues a **mí** me gustaría viajar a Shangai. **Mi** hermana dice que es la ciudad más interesante de Asia en este momento.
- Claro, **tu** hermana viaja mucho a China, ¿no? ¿Y por qué no viajas con ella?
- Es que ella va siempre por su trabajo y está uno o dos días. Para **mí**, viajar significa estar por lo menos dos semanas en un lugar.
- Ya, a **mí** me pasa lo mismo.

4.
A.
2 - No sé quién soy ni para qué vivo, doctor. Siento que **mi** vida no tiene sentido: no entiendo a **mi** pareja, ni a **mis** amigos... **Mi** trabajo es absurdo. Todos **mis** valores, **mi** identidad...

B.
3 - Es que es un egoísta. Siempre él, él, él: **su** trabajo, **sus** amigos, **su** tiempo... ¿y yo? ¿y **mis** amigos y **mi** tiempo? Yo también tengo una vida, pero parece que a veces no piensa en eso...

C.
1 - Nosotros creemos en un Estado social. **Nuestro** interés es el interés de **nuestra** sociedad; una sociedad moderna, dinámica y justa...

D.
4 - ¡Hemos terminado! ¡No quiero verte más! Aquí tienes **tus** cosas: **tu** ropa, **tus** CDs, **tu** maravillosa colección de DVDs de clásicos del cine europeo...

8. LOS CUANTIFICADORES

1.
1. No quiero entrar en ese bar, hay demasiad**a** gente y demasiad**o** humo.
2. Mi hermana tiene much**as** amigas, pero poc**os** amigos.
3. • ¿No tienes ningún diccionario en casa?
   ○ No, lo siento, no tengo ningun**o**.
4. • No podemos dar la clase aquí, no hay bastante luz.
   ○ Sí, en esta aula hay bastante**s** ventanas, pero es verdad: no entra much**a** luz.

2.
1. nada de
2. ningún
3. nada de
4. ningún
5. ningún
6. ninguna

3.
1. un poco de
2. poca
3. poco
4. un poco de
5. poca
6. poco
7. poca
8. un poco de

4.
Sugerencia.
Lleva demasiados jerseys.
Lleva demasiados libros.
Lleva demasiados peines.
Lleva pocos pantalones.
Lleva pocas bragas.
Lleva pocos sujetadores.
Lleva demasiado champú.
Lleva poco dinero.

5.
1. mucho
2. poco
3. mucho
4. mucho
5. mucho
6. nada

6.
Respuesta libre.

7.
1. El Hotel Colón está muy bien: es **muy** nuevo, está en el centro de la ciudad y tiene unas instalaciones **muy** modernas. Es un hotel **poco** conocido, por eso los precios están muy bien: no es **nada** caro.

2. Esta casa es enorme, **demasiado** grande para mí. Yo vivo sola y una casa como esta es **poco** práctica. Lo bueno es que el precio está bien, es una casa **bastante** barata.

8.
1. No me gusta nada el chocolate.
2. Nada es mejor para la salud que caminar todos los días 30 minutos.
3. • Este es el jersey de Marta.
   ○ ¿De Marta?¡Marta no tiene ningún jersey de ese color!
4. Ese chico no es nada simpático.
5. Ningún alumno quiere repetir el curso, es normal.
6. No tengo nada de dinero: no puedo comprar nada.
7. • Ninguna comida española es más conocida que la paella.
   ○ No es cierto, ¡la tortilla es más famosa!
8. No quiero comprar nada en este sitio, nada tiene buen aspecto.

9. LA INTERROGACIÓN

1.

A.

1. Esto es Guatemala.
2. Tiene 30 años.
3. ¿Esta es Marta Etura?
4. ¿Son griegos?
5. ¿Estudia informática?
6. ¿Es periodista?
7. ¿Marco vive en Bilbao?
8. Ella estudia español para viajar.
9. Trabaja en una escuela de idiomas.

B.

No, es Leonor Watling. - 3
Sí, de Creta. - 4
No, estudia Matemáticas.- 5
Sí, en el centro de la ciudad. – 7
Sí, escribe en *El País*. - 6

2.

1. cuál
2. qué
3. cuáles
4. quiénes
5. quién
6. qué

3.

Sugerencia.

a. ¿Dónde está la casa de Enrique?
b. ¿Cuántos hijos tiene Paco?
c. ¿Quién estudia Medicina?
d. ¿Qué estudia Manuela?
e. ¿Qué quieren los chicos?
f. ¿De dónde vienen Marta y Bea?
g. ¿Qué hacen Marta y Bea en Grecia?
h. ¿Qué película prefieren los niños?

4.

a. ¿De qué …? (Respuesta: 5)
b. ¿Con quién …? (Respuesta: 1)
c. ¿Cómo …? (Respuesta: 8)
d. ¿De dónde …? (Respuesta: 2)
e. ¿Cuál ...? (Respuesta: 5)
f. No es necesaria una preposición (Respuesta: 6)
g. ¿De quién …? (Respuesta: 3)
h. ¿A qué hora …? (Respuesta: 4)

5.

a. 7
b. 8
c. 6
d. 4
e. 2
f. 5
g. 1
h. 9
i. 3

6.

Sugerencia.

a. ¿De qué trabajáis?
b. ¿Cuántos idiomas hablas?
c. ¿Dónde trabajas?
d. ¿Tienes hijos?
e. ¿Adónde vas de vacaciones?
f. ¿Quieres tomar algo?
g. ¿Cuál te gusta más?
h. ¿Tienes dirección de correo electrónico?

7.

Respuesta libre.

MUNDO PLURILINGÜE

Respuesta libre.

10. LOS PRONOMBRES PERSONALES

1.

1. tú
2. vosotras
3. él
4. vosotros
5. ella
6. nosotros
7. tú
8. ellos

2.

	TÚ	USTED	
1.	X		¿Tienes televisor?
2.		X	Perdón... ¿habla inglés?
3.	X		¿Cuántos años tienes?
4.		X	¿Tiene hora, por favor?
5.	X		¿Estudias o trabajas?

MUNDO PLURILINGÜE

Respuesta libre.

3.

a. 1
b. 8
c. 2
d. 4
e. 5
f. 6
g. 3
h. 7

4.

1. os levantáis
2. dedicarse
3. Se llama
4. se llaman
5. lavarnos
6. me ducho
7. se divierte
8. nos acostamos

5.

A.

1. nos
2. les
3. les
4. le
5. os
6. te
7. te
8. les

B.

1. gustan
2. interesa
3. apetece
4. apetecen
5. encanta
6. gustan
7. interesa
8. gustan

11. LAS PREPOSICIONES

1.

A.

1. El café, ¿con o sin leche?
2. Las zapatillas, ¿de tela o de cuero?
3. Viajar ¿solo, con tu familia o con tus amigos?
4. Los abrigos, ¿de lana o de piel?
5. Las vacaciones, ¿en primavera, en verano, en otoño o en invierno?
6. Nadar, ¿en el mar o en una piscina?
7. Ducharse, ¿antes de ir a la cama o después de levantarte?
8. Casarse, ¿por amor o por dinero?
9. Un viaje de 11 horas, ¿de día o de noche?
10. Un viaje de 11 horas, ¿en autobús o en tren?
11. Una fiesta de cumpleaños, ¿con tus padres o sin ellos?
12. Las patatas fritas, ¿con mayonesa o con kétchup?, ¿con las manos o con tenedor?
13. Hacer deporte, ¿por la mañana o por la noche?

B.

Respuesta libre.

2.

1. de / de
2. de / en
3. de / de
4. Por /en / en
5. al / en / a / a
6. Por / a / a / de
7. Para / en / para
8. por / para / a
9. de

3.

A.

Día 1: del / al / por / de / por / en / Por / al / para
Día 2: en / al / a / Por / para
Día 3: a / en / en / a / desde / hasta / en / de / a
Día 4: de / en / por / a / al / en
Día 5: en / a / de / de / Por / por / a / de / para
Día 6: del / a / de / en / desde / hasta / con / en / por / a / al / a / de
Día 7: Por / por / al / Por / al
Día 8: en / al

MUNDO PLURILINGÜE

Respuesta libre.

4.

Sugerencia.

- una maleta piel, de plástico...
- una camisa de algodón, de seda, de manga larga...
- una tarta de chocolate, de frutas, de manzana...
- un programa de televisión, de radio, de adelgazamiento...

12. EL PRESENTE DE INDICATIVO

1.

A.

1. Me **llamo** Luis y **tengo** 23 años. **Estudio** marketing y **trabajo** como recepcionista en un hotel. Mi novia se **llama** Maite y **tiene** 25 años. Es ingeniera y **trabaja** en una empresa multinacional. Los dos **vivimos** en Sevilla, pero somos de Madrid: nuestras familias **viven** allí.

2. Quito, la capital de Ecuador, es la segunda ciudad más poblada del país: más de dos millones de personas **viven** allí. Sus habitantes se **llaman** quiteños. Quito se **encuentra** en un valle entre montañas y volcanes y solo **tiene** dos estaciones: verano e invierno. En invierno llueve mucho. La línea del Ecuador **pasa** muy cerca de la ciudad.

3. En mi casa nos **levantamos** muy temprano porque **vivimos** lejos del centro. **Desayunamos** juntos pero no **salimos** de casa a la misma hora. Mis padres **llevan** a la escuela a Romina, la más pequeña, y **cogen** el tren: **trabajan** en el centro. Mi hermano y yo **tenemos** más tiempo porque **estudiamos** en nuestro barrio. Yo **salgo** de clase a las dos y **preparo** la comida para los tres. Luego **estudio**, **visito** a mis amigos o **navego** un rato por internet. Mis padres **llegan** tarde y normalmente **cenamos** todos juntos.

2.

1. trabajáis	4. habla
2. tienes	5. vivo
3. estudiamos	6. dedican

3.

1. habla / hablan	4. tiene / tienen 28
2. es / son uruguayos	5. habla / habla italiano
3. es / son guías turísticos	6. hablan español

4.

A.

Queridos Silvia y Eduardo:
¿Cómo estáis? Yo estoy muy bien... pero **quiero** volver pronto a México. El problema es que ahora no puedo: mi jefe **dice** que ya está bien de viajes, que **tengo** que quedarme en las oficinas de Londres. ¡Grrrr! Pero yo **pienso** visitaros otra vez en las vacaciones de verano. ¿**Tenéis** planes ya, o **podemos** ir juntos a Cancún? El lunes **empiezo** otro curso de español porque aunque entiendo casi todo todavía no hablo bien, y siempre **traduzco** directamente del inglés y claro... un desastre. Lo que más me **cuesta** son los verbos: nunca **sé** cuáles son regulares y cuáles no. ¡Ah! Ahora **tengo** otro horario en el trabajo: entro a las 14h y **salgo** a las 20h, así que me despierto y me **acuesto** más tarde y **hago** gimnasia por las mañanas ¡Ah! No está mal ¿nol? :-)
Bueno, espero vuestras noticias pronto.
¡Un abrazo!
Jenny

B.

e > ie	**o>ue**	**e>i**	**+g**	**c>zc**
quiero	podemos	dice	tengo	traduzco
pienso	cuesta		salgo	
tenéis	acuesto			
empiezo	*puedo*			
entiendo				
despierto				

otras irregularidades: sé, hago, *estoy*, *está*, *son*

5.

A.

1. está / Tiene / hablan / es
2. Cortas / picas / Mezclas / tienes / añades / puedes
3. me levanto / me ducho / salgo / desayuno / trabajo / voy / tengo / juego
4. Trabajo / voy /salgo / juego / tengo / puedes

B. Respuesta libre.

13. EL INFINITIVO

1.

A.

Verbos con Infinitivo en **-ar**	Verbos con Infinitivo en **-er**	Verbos con Infinitivo en **-ir**
cocinar	ver	escribir
cantar	leer	salir
jugar	ser	ir
coleccionar		vivir
llamarse		
trabajar		

B.
Respuesta libre.

2.

Sugerencia.

1. El teléfono se usa para hablar con los que están lejos.
2. El coche se usa para viajar.
3. La tarjeta de crédito se usa para comprar.
4. La agenda se usa para organizar el tiempo.
5. El reloj de pulsera se usa para saber la hora.
6. La cámara de fotos se usa para hacer fotos.
7. El bolígrafo se usa para escribir.
8. Las botas de montaña se utilizan para caminar por la montaña.

3.

Deseos
1. A Pedro le encantan las lenguas: ahora **quiere** aprender ruso.
2. ¿Qué **queréis** hacer este verano?

Posibilidad o disponibilidad
1. No **puedo** ir esta noche a tu fiesta. Lo siento.
2. Fer, ¿**puedes** esperar un momento, por favor?

Obligaciones
1. Hoy no puedes salir: **tienes que** quedarte en casa.
2. ¿Mario, **tienes que** trabajar hoy? ¡Si es domingo!

Habilidades
1. ¿Tú **sabes** bailar tango? ¡Qué sorpresa!
2. Yo no **sé** esquiar, pero me gusta mucho la nieve.

4.

A.

Sugerencia.

	MAÑANA	TARDE	NOCHE
LUNES	Comer con su hermano		Entradas para el cine
MARTES	En Barcelona por trabajo		
MIÉRCOLES	En Barcelona por trabajo		
JUEVES		Trabajar hasta las 17 h	19 a 21 h grupo de teatro • 22 h Concierto en La escalera
VIERNES	Trabajar hasta las 14 h	Recoger hija	Tarde: Viaje con su hija al pueblo de sus padres
SÁBADO	Pueblo padres		
DOMINGO			Regreso a casa

B. Sugerencia.
LUNES: El lunes al mediodía come con su hermano. Por la noche tiene entradas para el cine.
MARTES: Está en Barcelona por trabajo.
MIÉRCOLES: Está en Barcelona por trabajo.
JUEVES: El jueves trabaja hasta las cinco. Por la noche, de 19 a 21 h tiene grupo de teatro y a las 22 h va a un concierto en La Escalera con Paula.
VIERNES: Trabaja hasta las dos. Por la tarde tiene que recoger a su hija para ir al pueblo de sus padres.
SÁBADO Y DOMINGO: Está en el pueblo hasta el domingo por la noche.

5.

1. Hay un perro abandonado en el barrio.
2. La puerta está abierta.
3. Hay comida hecha en la nevera.
4. Estoy enamorado/a de mi profesor de yoga.
5. Hay que arreglar la bici estropeada.
6. El cristal de la ventana del salón está roto.

14. PRETÉRITO PERFECTO

1.

1. ha ganado
2. han opinado
3. ha vendido
4. hemos hablado
5. habéis subido
6. te has casado
7. he sentido
8. hemos terminado
9. ha encontrado
10. has llegado
11. ha enviado
12. han acabado
13. han sido
14. he dormido
15. te has divorciado
16. ha esquiado
17. he comido
18. ha respondido

B.

1. habéis subido
2. he comido / he dormido
3. ha esquiado
4. hemos acabado
5. ha ganado
6. te has casado / te has divorciado
7. ha enviado

2.

1. a. he alquilado
2. d. ha encontrado
3. b. has comido
4. c. ha leído

3.

1. ha dicho
2. ha freído
3. ha roto
4. ha dejado
5. ha visto
6. ha hecho
7. ha compuesto

MUNDO PLURILINGÜE

Respuesta libre.

15. PRETÉRITO INDEFINIDO

1.

A.

1. nos conocimos
2. cocinaste
3. dirigió
4. entendieron
5. escribió
6. estudié
7. ganaron
8. leyeron
9. se levantó
10. naciste
11. oyó
12. pensasteis
13. perdieron
14. salí
15. trabajamos
16. viajaron
17. vivimos
18. volvisteis

B.
1. nos conocimos
2. volvisteis
3. dirigió
4. estudié
5. naciste
6. vivimos
7. escribió
8. leyeron
9. viajaron

2.
1. pedimos - trajeron
2. pude
3. te pusiste
4. estuvieron - fue
5. hiciste - estuve – fui
6. se durmieron

16. LAS CONSTRUCCIONES IMPERSONALES

1.
A. y B.

1. Nieva. Bilbao
2. Hay niebla. Vigo
3. Hace viento. Madrid
4. Hace sol. Valencia
5. Llueve. Sevilla

C.
Respuesta libre.

2.
- se **habla** de Penélope Cruz.
- se **lee** Nocilla Experience, la novela de una generación.
- se **bebe** cerveza con limón, la clásica “clara”.
- se **escuchan** las canciones de La Shica.
- se **come** comida japonesa.

B.
Respuesta libre.

17. SER, ESTAR Y HAY

1.
1. La vaca es un animal mamífero.
2. El tequila es una bebida mexicana.
3. Los Andes son una cordillera de Sudamérica.
4. Un mar es una gran extensión de agua salada.
5. Mi perro es pequeño y blanco.
6. La Tierra es un planeta del Sistema Solar.
7. José Luis es alto y delgado.

2.
¡Hola! ¿Qué tal estás?
Yo **estoy** aquí, en San Julián, el pueblo de mis abuelos.
Es un pueblo muy pequeño y **está** a 120 kilómetros de Madrid. La verdad es que es bastante aburrido… no **hay** casi nada… Te cuento: **hay** dos iglesias, San Julián y Santa Rita. La iglesia de San Julián **está** en el centro del pueblo, en la plaza, frente al ayuntamiento. Santa Rita es más pequeña y **está** a la entrada del pueblo. **Hay** tres bares y un restaurante en la plaza, y otro bar un poco más lejos. No **hay** cines, teatros ni bares de copas: el cine más cercano **está** en San Vicente, un pueblo a 10 km de aquí. También **hay** un supermercado pequeño, un estanco y una farmacia, pero no **hay** médico ni escuela en el pueblo.
La casa de mis abuelos **está** fuera del pueblo, a 3 kilómetros, y como no **hay** transportes tengo que ir siempre en bicicleta. Pero me gusta la casa: es bastante pequeña pero **está** junto al río. Muy cerca de la casa **hay** un pequeño bosque donde paseo todas las mañanas.
Es verdad que no hay muchas cosas, pero es ideal para descansar… ¿por qué no te vienes a pasar unos días conmigo?
Un abrazo,
Carlos

3.
A. La imagen de la derecha (2) es la isla de Arcadia.

B.
Sugerencia.
La Salina también es una isla bastante pequeña. Tiene dos playas, una en el este y otra en el sur, junto al puerto, pero los turistas prefieren alojarse en los dos pueblos del norte. También hay un aeropuerto, está al lado de la ciudad principal, al oeste. En el centro hay dos montañas y un lago muy bonito.

4.

1. Las Islas Canarias **son** siete y **están** en el Océano Atlántico.
2. En Nicaragua **hay** lagos, volcanes y selva.
3. San José **es** la capital de Costa Rica.
4. En las Islas Galápagos **hay** animales únicos.
5. Costa Rica **está** en Centroamérica, entre Nicaragua y Panamá.
6. La moneda de Perú **es** el Sol.
7. En Paraguay **hay** dos lenguas oficiales: el castellano y el guaraní.
8. La vicuña **es** un mamífero de los Andes.
9. El Cantábrico **es** un mar.
10 Santander **está** en la costa cantábrica.
11. En Argentina **hay** muchos climas diferentes.

MUNDO PLURILINGÜE

Respuesta libre.

18. LOS CONECTORES

1.

a. Pablo y Marta tienen un hijo pequeño.
b. Hoy no quiero ni salir ni ver gente.
c. ¡Enrique e Isabel se van de vacaciones a Japón!
d. Quiero acompañarte pero no puedo.
e. ¿El protagonista de *Troya* es Brad Pitt u Orlando Bloom?
f. Ni tú ni ella habláis chino. No podéis trabajar en China.
g. ¿Prefieres ir al Sur o al Norte?
h. Llevo el champú pero no el secador

2.

A. y B.

Alicia: y correr un poco
Marta: ni ir al gimnasio.
pero es muy aburrida.
Bruno: Pero hay dos cosas que no me gustan nada:
Carmen: y pasar la mañana
Eduardo: y a todos nos encanta.

3.

A.

a. José tiene 21 años. Silke también.
b. Silke estudia biología. Hernán no.
c. A José le interesa la política, pero a Silke no le interesa.
d. A José le encanta Pink Floyd y a Hernán también, pero a Silke no.
e. A Silke le gusta viajar y a José también le gusta mucho.
f. A Hernán no le interesa la moda y a Silke tampoco, pero a José sí.

B.
Respuesta libre.

4.

a. porque
b. porque
c. Por qué
d. por qué
e. Por qué
f. porque
g. porque

5.

A.

4. - a. que se usa para escribir.
3. - b. que se juega con una raqueta y una pelota.
5. - c. que te quiere en los momentos buenos y malos.
1. - d. que trabaja para mejorar la salud de las personas.
2. - e. es una persona que canta profesionalmente.

B.
Respuesta libre.

ÍNDICE DE CORRESPONDENCIAS

*Si usted utiliza los manuales **AULA 1** o **AULA INTERNACIONAL 1**,*

después de la unidad...	*puede hacer...*
1. NOSOTROS	1. **Sonidos, letras y ortografía**, ejercicios 1, 2, 3 2. **Los numerales**, ejercicios 2, 3, 4 y 5 4. **Los adjetivos**, ejercicio 1 13. **El Infinitivo**, ejercicio 1
2. QUIERO APRENDER ESPAÑOL	1. **Sonidos, letras y ortografía**, ejercicio 8 3. **Los sustantivos**, ejercicios 1, 2, 3 y 6 4. **Los adjetivos**, ejercicios 2 y 4 9. **La interrogación**, ejercicios 1 y 2 10. **Los pronombres personales**, ejercicios 1, 2 y MUNDO PLURILINGÜE 12. **El Presente de Indicativo**, ejercicios 2 y 3 18. **Los conectores**, ejercicio 1
3. ¿DÓNDE ESTÁ SANTIAGO?	4. **Los adjetivos**, ejercicio 3 8. **Los cuantificadores**, ejercicios 1, 3, 5 16. **Las construcciones impersonales**, ejercicio 1 17. **Ser, estar y hay**, ejercicios 3, 4 y MUNDO PLURILINGÜE
4. ¿CUÁL PREFIERES?	2. **Los numerales**, ejercicio 1 5. **Los artículos**, ejercicio 1 6. **Los demostrativos**, ejercicios 1, 2, 3, 4, 5, 6 y MUNDO PLURILINGÜE 8. **Los cuantificadores**, ejercicio 4
5. TUS AMIGOS SON MIS AMIGOS	1. **Sonidos, letras y ortografía**, ejercicio 7 2. **Los numerales**, ejercicio 6 6. **Los demostrativos**, ejercicios 7 y 8 7. **Los posesivos**, ejercicios 1, 2, y 4 9. **La interrogación**, ejercicios 3, 5 y 6 10. **Los pronombres personales**, ejercicio 5 17. **Ser, estar y hay**, ejercicio 1 18. **Los conectores**, ejercicios 3 y 4

después de la unidad...	*puede hacer...*
6. DÍA A DÍA	5. **Los artículos**, ejercicios 2, 3, y 5 9. **La interrogación**, ejercicio 4 10. **Los pronombres personales**, ejercicio 4 12. **El Presente de Indicativo**, ejercicios 1 y 4 13. **El Infinitivo**, ejercicios 2, 3 y 4 18. **Los conectores**, ejercicios 2 y 6
7. ¡A COMER!	1. **Sonidos, letras y ortografía**, ejercicio 6 3. **Los sustantivos**, ejercicio 5 4. **Los adjetivos**, ejercicio 5 5. **Los artículos**, ejercicios 4 y MUNDO PLURILINGÜE 10. **Los pronombres personales**, ejercicio 3 11. **Las preposiciones**, ejercicio 1 12. **El Presente de Indicativo**, ejercicio 5 16. **Las construcciones impersonales**, ejercicio 2 18. **Los conectores**, ejercicio 5
8. EL BARRIO IDEAL	1. **Sonidos, letras y ortografía**, ejercicio 5 3. **Los sustantivos**, ejercicio 4 8. **Los cuantificadores**, ejercicios 2, 6, 7 y 8 11. **Las preposiciones**, ejercicios 2 y 3 17. **Ser, estar y hay**, ejercicio 2
9. ¿SABES COCINAR?	1. **Sonidos, letras y ortografía**, ejercicio 4 4. **Los adjetivos**, ejercicios 6 y 7 7. **Los posesivos**, ejercicio 3 14. **El Pretérito Perfecto**, ejercicios 1, 2, 3 y MUNDO PLURILINGÜE
10. UNA VIDA DE PELÍCULA (AULA INTERNACIONAL)	9. **La interrogación**, ejercicio 7 11. **Las preposiciones**, ejercicio 4 y MUNDO PLURILINGÜE 15. **El Pretérito Indefinido**, ejercicios 1 y 2